名师名校名校长

凝聚名师共识
固态名师关怀
打造名师品牌
培育名师群体

顾明远题

佛山市2021年度教育信息化应用融合创新课题“互联网+研训教：中小学美育教师专业发展实践路径研究”（fset2021x004）成果

灼灼研途 艺香满园

——中小学音乐学科教研与实践

邓兆振　著

中国文联出版社

图书在版编目（CIP）数据

灼灼研途　艺香满园：中小学音乐学科教研与实践 / 邓兆振著. — 北京：中国文联出版社，2024.3

ISBN 978-7-5190-5458-8

Ⅰ. ①灼… Ⅱ. ①邓… Ⅲ. ①音乐课—教学研究—中小学 Ⅳ. ①G633.951.2

中国国家版本馆CIP数据核字（2024）第060194号

著　　者　邓兆振
责任编辑　刘　旭
责任校对　秀点校对
装帧设计　刘贝贝　李　娜

出版发行　中国文联出版社有限公司
社　　址　北京市朝阳区农展馆南里10号　　邮编　100125
电　　话　010-85923025（发行部）　010-85923091（总编室）
经　　销　全国新华书店等
印　　刷　北京四海锦诚印刷技术有限公司

开　　本　710毫米×1000毫米　　1/16
印　　张　15.5
字　　数　259千字
版　　次　2024年3月第1版第1次印刷
定　　价　58.00元

序言 PREFACE

“灼灼研途路， 艺香满教园！”我与邓兆振老师相识于2019年，当时，我兼任广东省中小学教师发展中心音乐教育委员会主任，聘请了他担任委员会的专家委员。通过接触，我感受到邓老师是一位做人有度、做事有术的教师。如今，我又作为他广东省第三批中小学“百千万人才培养工程”名教师培养对象的导师，见证了他三年来的专业化成长历程。

作为教育者，邓兆振老师注重以德为先，全面发展；面向人人，终身学习；因材施教，知行合一；融合发展，共建共享。他秉承五育融合的教育理念，关注学生全面发展，落实立德树人的教育根本任务。

作为管理者，邓兆振老师加强师德师风建设，培养专业化创新型音乐教师队伍。在做好服务教育管理决策、服务学生全面发展、服务教师专业成长、服务学校教育教学的同时，以科学严谨的态度，引领学科发展，服务学科建设。

作为学习者，邓兆振老师的专业发展定位精准，道术共求。他保持终身学习意识，加强理论与实践相结合，紧跟教育时代发展步伐，提高音乐学科与信息化技术的融合能力，利用现代教育技术加快推动音乐学科人才培养模式的改革。

邓兆振老师不忘教育初心，牢记发展使命。他不仅在各级、各类学科专业比赛中获得佳绩，还在带领镇域音乐教研发展中实现了扎实教研有成效、课堂教学有落实、科研创新有活力。同时，他将自己的教育理念和思想，以及多年的实践与探索经验向省内各地市辐射。在仅有十几年教龄的音乐教师群体中，邓兆振老师可谓专业领域的佼佼者。

当邓兆振老师邀请我为他的著作撰写序言的时候，我很是欣慰。这本著作是以音乐教研工作为抓手，基于问题、结合实际，主动思考、追求创新，深度梳理了音乐教研的相关支撑理论和教研政策，为学科教研工作提供了很好的借鉴，具有参考价值。在书中，邓兆振老师还提出自己对教研工作的多个观点，我想，这就是邓兆振老师在长期的教学研究工作中形成的教研思想和理念结晶。得悉，这是他在三年培养期内的第二本著作，实为感叹。这不仅是邓兆振老师个人在教育、教学工作中所付出的心血，更是他在教研员岗位上不断探索、锐意进取的成果见证。

我衷心祝愿邓兆振老师在今后的教育教学工作中向着更高、更远的目标继续前行，为广东省音乐教育教学改革做出更大的贡献！

李贞

广东省外语艺术职业学院教授

广东省中小学“百千万人才培养工程”名教师培养对象导师

2023年6月于广州

前言

FOREWORD

2019年11月，教育部发布《关于加强和改进新时代基础教育教研工作的意见》（以下简称《意见》），再次明确了教研工作是保障基础教育质量的重要支撑。《意见》指出，教研工作在推进课程改革、指导教学实践、促进教师发展、服务教育决策等方面，发挥了十分重要的作用。进入新时代，面对发展素质教育、全面提高基础教育质量的新形势、新任务、新要求，教研工作还存在机构体系不完善、教研队伍不健全、教研方式不科学、条件保障不到位等问题，亟须加以解决。

2023年，佛山市教育局教学研究室在新时代党的教育方针指引下制定了《佛山基础教育教研工作行动总纲》（以下简称《总纲》），以打造高质量教研体系、助力佛山"五好教育"新形态、奋力提升佛山教育现代化水平、开创佛山基础教育高质量发展新局面、办好人民满意的教育为总目标，通过"教研尖兵打造""课程教学改革""教研方式创新""教学质量监控"四大项目主梁的建设，为佛山争当地市教育高质量发展领头羊贡献强大的教研力量。

在《意见》和《总纲》的指引下，我对教研工作进行了再认识、再思考与再梳理，并结合管理学、行为科学、心理学进行了教研理论创新，立足本学科，对教研重点、教研类型、教研问题、教研创新、教研计划、教研活动，进行了深入的审视，并提供案例参考，将自己思考的内容都呈现在这本著作里。旨在对自己的教研工作进行总结，加强对教研工作的认识和理解。

第一章主要是聚焦教研认识，从宏观层面对教研活动的概念、性质、原则、意义进行了阐述；结合管理学、行为科学、心理学为教研提供了充分的理论依据，且加入了自己个人观点的陈述，以期同行和教师对教研有一个正确和科学的认识。

第二章是聚焦音乐教研的相关思考，分五个节次，从音乐教研的三个角色、音乐教研类型、音乐教研常见问题、音乐教研如何创新、如何开展音乐深度教研方面做了思考。

第三章是音乐教研的设计，分六个节次，从音乐教研计划的拟定、机制的建立、活动的设计策略、进程的跟进、教研的评价和总结方面进行深入的叙述。

第四章是结合我所在镇域开展的教研活动进行的案例分享，选取了艺术课程标准、音乐教材研读、学科课题申报与研究三个典型。案例中对标前面几个章节阐述的观点和做法，旨在实现从理论层面到实践过程的转化。

在撰写著作过程中，我也深刻反思了自己的认识和实践中的不足。同时，受自身经验、认知和能力的局限，某些方面可能阐述得不够到位和精准。在此，恳请广大同行和教师们批评指正。

邓兆振

2023年5月于广东佛山

第一章　教研认识

第二章　音乐教研的思考

第三章　音乐教研的设计

第四章　音乐教研的案例

第一章 教研认识

作为教研员，教研工作是非常重要的一项职责。教研工作是指对教育教学过程进行深入研究和探索，以提高教师的教学水平和学生的学习效果。教研员需要关注教育领域的最新理论和方法，收集和整理教学资源，组织和开展教研活动，并与其他教师进行交流和分享。教研工作的目标是促进教育教学的创新和发展，提高教师的专业素养和教学能力。通过教研工作，教师可以不断更新自己的教学观念和方法，提高教学质量，使学生能够更好地掌握知识和技能。教研工作对于提高教师的教学能力和学生的学习效果具有重要意义。

教研工作需要教研员具备一定的理论基础、专业知识和研究能力，同时也需要有良好的组织协调能力和团队合作精神。教研员应该积极参与教研活动，关注教育教学的前沿动态，不断学习和提升自己的专业水平。作为教研员，应该认真履行职责，积极组织和参与教研活动，不断提升自身的专业素养，为学科教育事业的发展做出贡献。

作为教研参与者，你将成为教研工作的重要一员。你将有机会参与到教研活动中，与其他教师一起分享经验、交流观点，并共同探讨教育教学的问题。通过参与教研活动，你可以不断学习和更新自己的教学观念和方法，提高教学质量，使学生能够更好地学习和成长。同时，教研活动也为教师提供了一个相互交流、共同进步的平台，通过与他人的合作和讨论，你可以获得更多的教学启发和支持。

作为教研参与者，你需要具备积极主动的态度和学习的精神。你可以以学校科组教研为最小单位，也可以参与上级教研机构组织的各种培训和研讨分享。在参与教研活动时，你可以提出自己的问题和观点，与他人交流并借鉴他们的经验。此外，你还可以通过阅读教育教学方面的书籍、期刊等方式，借助教研平台不断提升自己的专业素养。

第一节 梳 理

一、教研的概念

教研，即教育教学研究活动，是教师专业成长的重要手段，是提高教师教学质量和效率的保障。我认为，教研就是教育者集合在一起就教育、教学、管理和在教育教学实践过程中的问题展开研讨的过程，是寻求解决问题结果的过程。这个过程的内容和形式多样，但如何组织教研，什么样的教研才有效？作为教育者，了解教研的概念、性质、特点、目的、任务、内容和类型等问题，对于我们清晰地认识这些问题和有效组织、参与教研活动有重要意义（图1-1）。

图1-1 教研团队插图

二、教研活动概念

从宏观的角度看，教研活动一般认为是对所有教育教学活动的研究。指向比较广泛，例如，常见的有听课评课、学科讲座、教学活动检查、学习培训、常规事务性安排等。

从微观角度看，教研活动是指就某一个教学实践过程中或教师专业成长过程中的实质性问题开展深入、细致、长时间的跟进和解决的过程。例如，就教师教育科研能力不足的问题，通过组织教师们开展核心期刊文章研读、分析、模仿、撰写等一系列研讨和实践过程来提升教师学科文章赏析和写作能力，这种教研活动能在短时间内解决教育教学或教师的实际问题，一般开展得会很深入、很扎实。

作为教研组织者，更多的是做好服务和引领，通过组织学科展示评比、听课磨课、听讲座报告、学习文件、研读教育教学理论、教研活动检查等来开展教研活动。

作为教研参与者，他们更希望教研活动的内容安排是自下而上的，从教师们的自身和实际问题出发，因此针对具体问题进行研究的教研活动更受欢迎。

三、教研活动性质

（一）科学性

科学性是判断事物是否符合客观事实的标准，对事物的认知和发展规律必须在科学的基础上开展，要富有理论基础和科学依据。教研活动的科学性就体现在是否符合教育教学规律和教师专业成长的定律。

教育教学规律是不以人的意志为转移的客观事物内在的必然的本质性联系，以及事物发展变化的必然趋势，即教育现象同其他社会现象或教育现象内部各构成要素之间的固有矛盾，或彼此间的内在联系。教育教学规律普遍性包括教育与社会的政治、生产、经济、文化、人口之间的规律性联系；教育活动与人的发展之间的规律性联系；教育内部的学校教育、社会教育、家庭教育之间的规律性联系；小学教育、中学教育、大学教育之间的规律性联系；中学教育中教育目标与教学、课外教育之间的规律性联系；教育教学活动中智育与德、体、美、劳诸育之间的规律性联系；智育中教育者的施教与受教育者的受教之间的规律性联系；学生学习活动中学习动机、学习态度、学习方法与学习成绩之间的规律性联系；等等。例如，教学评一致性、学段衔接和五育融合等问题就是依据教育教学发展规律提出的。再回到教研话题，各种形式的教研活动只有建立在符合教育教学规律的基础上才能探寻到教育问题的根源，才可能寻求到科学的解决办法，从根本上去解决问题，使教研活动具有科学性。

同理，教师的专业成长也是有阶段可见、规律可循。例如，教师专业成长要经历合格教师、优秀教师、骨干教师、名师、教育家型教师这五个阶段，并非一蹴而就。从教师专业成长的过程而言，它是一个长期的发展过程，需要经历一系列的发展阶段。对教师成长的周期和规律的研究，有助于为教师指明个人的专业发展道路，为教师的专业学习和训练提供所需要的内容。教研作为教师专业成长的重要手段，如果不了解教师专业成长规律、不清楚每个成长阶段教师所需内容，那么这样的教研就是缺少科学性的。

（二）学科性

学科性即学科属性，一般认为其能凸显学科的性质和特点，以及学科所解决的根本问题。这里提到的“学科性”与“非学科性”并不对立，与当前教育新形势下提倡的学科融合理念也并不冲突。

例如，音乐学科的教研可以与其他学科融合，既可以开展信息技术背景下的音乐学科教研活动，也可以开展音乐与体育学科的融合教研活动。但要注意的是，应该以本学科为主，在此基础上，借助其他学科来助力本学科的研究与发展。再如，音乐学科性包括感知性、审美性、参与性、过程性、体验性，老师们在组织教研活动时可以凸显这些特征，让参与教研的老师们通过唱、跳、演来感知音乐、研讨音乐、理解音乐，从而启发音乐教师的课堂教学，凸显学科感知性、审美性、体验性；还可以通过组织研读课标和课标知识答辩等创新形式来学习课标，注重教师的参与性和过程性。

（三）针对性

教研活动应该关注问题，从发现问题、探究问题、研究问题、有针对性地解决问题的思路去开展，这是站在“跟风式”教研的对立面提出的。它可以是聚焦教师专业发展问题，也可以是学科发展问题、教学问题或学科竞技问题。但对于一个区域的学科教师发展问题来说，每个阶段的目标是不一样的，根据不同目标才能制订有针对性的教研方案和计划。

例如，音乐教师在自身专业发展过程中，普遍存在科研能力薄弱的现象，我认为，作为镇街艺术教研员，有责任和义务去助力音乐教师的专业科研发展。所以，组织音乐教师进行核心期刊学科文章阅读、分析、讲解、实操的教研内容就很有针对性。老师们在我的引导下，知道好的学术文章要从题目设计、行文表述、结构框架、文本逻辑去剖析；然后在此基础上，结合自己教育教学实践和教育热门话题去拟定自己的文章题目；最后我再帮其修改。通过针对音乐教师科研问题所设计的教研活动，能够帮助老师们很好地提升文章研读和撰写能力。

（四）创新性

创新是以现有的思维模式提出有别于常规或常人思路的见解为导向，利用现有的知识和物质，在特定的环境中，本着理想化需要或为满足社会需求，而改进或创造新的事物、方法、元素、路径、环境，并能获得一定有益效果的行为。从哲学上说，创新是一种人的创造性实践行为。

著名的美籍奥地利经济学家约瑟夫·阿洛伊斯·熊彼特，他一生最大的贡献在于提出创新理论，用于解释资本主义经济发展和周期。可以说，教育创新就是从创新理论迁移过来的，它是为实现一定的教育目标，在教育领域进行的创新活动。具体的教育活动有具体的教育目标，其目标就是不断提高国民素质，培养适应不断发展的社会所需要的人才，教育创新活动应围绕这一总体目标展开。

有研究表明，相对于复旧性的活动，创新性的活动更容易被人们接受，因为长时间大众化的常规活动会使人厌倦，没有新鲜感，从而失去兴趣。所以，在教研活动中我提倡在基于学科特征的基础上，运用多种手段和形式，让整个教研活动有意思，让参与者更能接受。例如，在中小学音乐学科教材歌曲研讨的教研活动中，为了给每个老师提供主讲机会，激励大家去认真研究教材，我设计了认领主题做分享的形式。就是教研组预先选取代表性的教材歌曲，让老师们抓阄来决定要分享和研讨的曲目，并给予足够的时间去准备，在正式教研过程中让老师们分享，其他老师就听其设计，思其意图，学其理念。

这种创新的教研设计相比常规的讲座分享，发生了两个转变。其一，教研主角从教研员转变成老师；其二，教研活动更加突出老师们的准备过程，因为老师们要分享，所以就会认真准备，查资料、备课、设计、预演等。当然，创新不仅仅局限于教研内容，教研形式和教研场地的选取都可以创新，但绝不可以浮想联翩，不切实际，只求形式，不求内涵和成效。

（五）研究性

研究性是带有发现和提出问题，并且进行解释和解决，或者针对某一问题或现象进行深入分析、讨论得出结论的性质，是教研活动的本质特性。研究不是告诉人们一个众所周知的事实和道理，而是努力找到一个新的事实和新的发现。它需要找到蕴藏在偶然现象背后的必然规律，要求把努力和偶然上升到必然，这才是真正的研究。

研究一定需要研究的思维，特别是逻辑性和突破性思维的参与，它会运用到方法，有一定的程序，也可以使用一些研究工具。回到教研本身，它探寻的是真实的教育教学问题，而解决问题的方法就是通过科学的研究思维、方法、程序和工具去实现。我们说，没有核心问题的教研往往会流于形式，解决不了实际问题，像我们常见的上传下达，学校安排这种教研活动本质上不属于教研，不具有研究性。

四、教研活动原则

（一）持续发展原则

为贯彻落实《教育部关于加强和改进新时代基础教育教研工作的意见》（教基〔2019〕14号）等文件要求，深化基础教育综合改革，推动基础教育科学发展、高质量发展，2020年5月，广东省就建立健全新时代基础教育教研体系提出了《关于建立健全新时代基础教育教研体系的实施意见》（以下简称《意见》）。《意见》明确指出，教研活动主要任务是服务学生全面发展、服务教师专业成长、服务学校教育教学、服务教育管理决策。作为学科教研，我认为教研活动的持续发展原则主要是从学生全面发展和教师专业成长两个方面理解。

服务学生全面发展是要求我们在教研活动中着重研究学生学习和成长规律，在如何提高学生综合素质方面下功夫，突出全面育人研究，强化学科整体育人功能。指导学校将德、智、体、美、劳全面培养的要求有机融入教育教学各方面全过程，特别要强化对学生理想、心理、学业、生活、生涯规划等方面的指导。开展学生综合素质评价科学研究，针对思想品德、学业水平、身心健康、艺术素养、社会实践等，创新评价标准和方法，推动建立以发展素质教育为导向的科学评价体系，促进学生全面而有个性地成长。

服务教师专业成长是要求我们着重在改进教学方式、如何提高教书育人能力方面下功夫，指导教师切实更新教育观念，全面理解学科课程标准，切实把握学生认知规律，运用启发式、互动式、探究式、体验式等教学方式，融合传统方法与现代技术手段，组织学生开展研究型、项目化、合作式学习。指导教师切实完善作业调控机制，创新作业方式，研究探究性、实践性、综合性作业设计，注重家庭、学校、社区协同育人，提高教书育人效能。

教研持续发展原则反映的是以人为本的理念，强调教研活动是对学生身心健康和全面发展的规划指导，关注学生的成长；是以满足教师专业成长需求为前提，聚焦教师的专业实践，指引教师们去开展教育教学，以指导和提升教师专业实践能力为目标，调动教师的积极性、能动性和创造性，关注教师发展。

（二）可操作原则

可操作原则是站在不切实际的对立面提出的，这是个具体问题具体分析的话题，各级、各地、各学校、各学科教研情况都不一样，这就要求我们组织教研活动必须建立在充分调研的基础上，在开展教研活动前要根据教育教学实际和教育发展的需求，侧重对教研者、主题、内容、形式的考虑，设计出可行性的方案，否则只是一个美好的教研设想，很难实施，更难取得成效。例如，教研者的认知基础、专业特长、教育教学实践情况，教研需求如何，教研主题的难易程度是否合适、是否有理有据，教研内容的选择是不是教师们迫切需要解决的问题，教研形式是否被老师们愉悦主动地接受和参与。读到这里，您可能会觉得教研活动真难，需要考虑这么多因素。其实不然，所有的教研活动设计都是要追求成效的，更重要的还是倒逼教研者不断加强学习，增强敏感意识，能及时了解和掌握教育的新意识、新理论、新方法，激励大家不断去研究教研对象。

（三）可检验原则

我们在做任何事情的时候都是想追求成效，都希望付出要有回报，而成效如何就需要通过各种方法去检验。教研活动的检验原则就是要对每一次教研活动进行多次检验，跟进教研效果。有时候，一次教研活动并不能真正解决问题，或者还有可改进、可提升的地方，要继续深入地开展教研活动才能解决。

教研活动成效的检验点在哪？这才是重要的话题。我认为，教研活动要看活动组织情况、计划执行情况、问题解决情况，这是一个长时间的跟进过程，不是开展一次、总结一次就可以结束的。例如，我所在的顺德区龙江镇音乐学科教研组，基于音乐教师的教育科研能力薄弱问题，在2022年第一学期就开展了以研读核心期刊文章为主题的教研活动。从整个开展情况来看，从第7次开始，老师们才真正体会到这个教研活动的意义，参与度和积极性也越来越高。我和教研组同行们通过组织形式的创新，以小组研讨为主、个人发表研读感受为辅，发现老师们在听取小组意见的基础上已经能很好地结合自己的理解，掌握了研读核心期刊文章的方法。具体分析来看，能看懂题目的巧妙设计、文章结构和行文用语表述等，这对老师们自己写出好的文章是有很大帮助的，而这些能力的获得就是通过教研活动实现的。

我为了检验老师们参加这个主题教研活动的成效，在开展到第10周的时候，收集了大家起草的文章题目，历经批改、修正的过程，最终才帮助老师们确定文章选题。在这个过程中，我通过选取的研读文章和老师们自己准备撰写的文章，从选题、结构框架、逻辑层级三个方面进行对比，过程中与老师们展开分析比较来检验这个主题教研活动的成效。

上面讲到的这个案例就很好地解释了教研活动的可检验原则。如果我们把每次或每个主题的教研活动都做到可行、可评、可测，就能发现亮点和不足，做到分析有理有据，在教研中形成科学研究的思维，运用科学的方法去组织开展、研究评价每一次教研活动。

（四）面向全体原则

我们常说，教育教学要面向全体，就是要求老师们在设计教学和实施教学过程中关注到每个学生，这个是站在教育公平性原则上提出的要求，因为人人都有接受教育的资格，不想被老师边缘化和冷落。同时，这也是站在教育非功利性的角度提出的，当前普遍存在教师喜优生、厌差生的教育现象，真的要给那些只以学习成绩优良来衡量学生优差的老师们一个重棒警醒。

其实，教研也是同样的道理。教师作为教研队伍的一分子，一样拥有参与教研和享有教研带给他好处的资格和权利。作为教研组织者，我们要认识到每个人都是一个独立的个体，他们受到成长环境、教育程度、认知水平等因素的影响。明白这个道理后，就需要教研组织者在教研主题、内容、形式设计方面多加考虑是否顾及不同水平层次的老师，是否只对一小部分老师有益。试想，如果老师们发现长时间以来，你的教研活动难度大、内容多、有压力，或者是每次大家聚在一起教研就是简单地重复旧内容，只有少部分人受益，对自己没有任何影响和启发，没有收获和提升，老师们很快就会对教研组织者失去信心，以后就会以各种理由不来参加教研活动，最终导致教研活动无法开展，使得教研组织者处于被动状态，往后就很难开展学科工作。

像上面讲到的这种现象，其实就是教研组织者没有正确认识教研，没有把握好教研要面向全体的原则。教研组织者应该坚持全员参与、常抓不懈，让老师们认识到自己的角色定位，自身不仅是教研活动的制定者、组织者和管理者，更是教研活动的参与者。教研活动不能只在口中讲、纸上写、墙上贴，而是要多思考、多顾及、多重视自己参与的亲身体验，设身处地地站在老师们的角度考虑，这样的教研才能有吸引力、感染力、说服力、影响力，才能确保有效教研的开展。

（五）实际需求原则

实际需求原则是我在教研活动中最看重的一个原则。从我自己的教师生涯前10年来看，就一直以参与者的身份参与学科教研活动，那个时候的教研是传达学校工作安排，讨论工作分工这种耗精力的、无效的形式，慢慢地，自己还真的会认为这个就是教研活动。其实，现在自己作为教研员看来，那时的教研是假教研、空教研，没有针对教学中的一些实际问题，脱离自己本身的能力和所需提升的范畴，空洞化、形式化、单一化，没有与实际教学问题和遇到的困难结合起来。那真的不是教师所需要的，反倒会成为教师的负担、学生的累赘、学校的面子工程。这样的教研活动无法为教育教学服务，无法提升教师的教育理论和教学实践能力。我也相信，这是当前各地区、各学校的普遍现象，这个问题真的值得关注。

教研要遵循实际需求原则，其实与可持续发展原则非常契合，就是鼓励大家站在学生和教师的成长和发展角度，充分了解他们的需求，发现他们的不足，然后去设计教研活动，这是一种互动尊重。作为教研组织者或指导者，要从师生的短板出发，用自己的专业和资源、平台去满足和成就他们的发展，实现自我价值。这个观点其实源于马斯洛需求层次理论中的第四层级尊重的需求和第五层级自我实现的需求。这个问题将在第二节详细分析，这里不再赘述。

五、教研活动意义

（一）服务学生全面发展

学生的全面发展是最值得教育者关注和研究的课题。教师如何传道授业解惑，学生怎样德智体美劳全面发展，都是我们一直在做的事情。我想，开展教研活动可能是解决这个课题的手段之一。但是，教研活动的组织者和参与者都是教师，为什么说教研活动的意义是服务学生的全面发展？这就有必要了解教育教学中两个主体的关系和影响因素。首先，“教学”之说，即“教学”中有“教”也有“学”，学生作为学习者，教师作为传授者，两者是紧密不可分割的。我们做的任何教研活动，最终都要回归课堂、回归教学，受益于学生。其次，教育教学的问题根源就源于学生。例如，现在的热门话题作业设计、大单元整体教学、大概念教学等，其最重要的研究价值就在于服务学生，为了学生的减负增效。最后，学生的发展是一个永久的话题，不仅要全面发展，还要长远发展，且学生在成长过程中不是一成不变的，因其成长环境的不同而有不同的特点。因此，要做到教研活动有效、高效，就有必要不断地研究学生及影响学生发展的各种因素。

（二）学校教育教学需要

不管是校本教研，还是镇域片区教研，或是市、区（县）教研活动，宗旨都是为了解决学校教育教学中的问题，所以才会出现市、区（县）、镇、校立体式联动教研架构。但在这么多教研层级中，我认为校本教研是最重要的，因为它最容易对标学校的教育教学现实问题。一线教师最容易发现教育教学问题，对问题的商讨和实践过程最终都是要学校教师去解决。

但这种情况对于音乐学科比较难实现，特别是在一所学校只有一位音乐教师的情况下，这位老师面对的问题是没有人和他一起教研，他也不知道去哪儿参加教研。所谓的综合学科教研的做法，其实对于独立的学科来说，实际操作过程中还是自圆其说，或者是听别的学科老师说自己学科的事情。据了解，大部分学校在校本教研活动中还是以传达工作为主，解决学校教育教学实际问题为次，这就违背了教研的最终目的。我作为镇音乐教研员以后，为了扭转这个现状，从教研组织形式上做了调整，将音乐学科进行全学段管理，组织各学校进行集中教研一次，大家集合在一起，聊着自己的专业，议着共性的问题，向着优秀的人学习。教研结束后，老师们回到自己的工作岗位，回归到学校的教育教学问题，带着教研中布置的任务进行思考，并探寻办法，在实践中寻求成效。

所以，作为校本教研的组织者、学科组长、备课组长，要加强教研活动组织能力，多开展以服务自己学科教学为主题的教研活动。作为镇、区、市的教研组织者，要多到学校考察和调研，发现真实问题，多开展以全面贯彻党的教育方针为基础，以课堂教学改革为中心，以学生素质的全面发展为目标，以提高教学质量为己任，服务于学校教育教学的教研活动。

（三）提升教师专业发展

教研倡导教师对教学中发生的“真实记录”进行分析研究，寻找产生问题的根源，进而寻求解决问题和改进工作的方法，这是一个教师专业素质持续发展的过程，为教师的实践性知识获取、自修能力、教育研究能力、课例研究能力提供了专业发展可能。教研是在“从实践中来，到实践中去”的认识基础上开展的实践性研究，它以促进学生全面发展为宗旨，以课堂教学改革过程中教师面临的各种具体问题为对象，以教师为主体，注重切实解决实际问题，又注重概括、提炼、总结规律。把解决问题、改进教学、教学研究、教学实践融为一体，使之成为教师的一种常态化工作方式，是促进教师专业发展的重要途径。

（四）贯彻教育教学决策

2019年11月，《教育部关于加强和改进新时代基础教育教研工作的意见》指出，教研工作是保障基础教育质量的重要支撑。长期以来，教研工作在推进课程改革、指导教学实践、促进教师发展、服务教育决策等方面，发挥了十分重要的作用。可以说，教研是贯彻落实党和全国教育大会、全国基础教育工作会议精神，深化教育教学改革，全面提高基础教育质量的重要方式。

在教研活动上组织学习教育类相关文件精神和教育教学相关决策，这对老师们清楚当前教育形态和把握教育方向与动态具有积极意义。通过学习，能引发老师们积极思考党和人民需要怎样的教育，当前是个什么样的教育样态，我们应该做什么样的教育。培养自身的教育主人翁精神，把教育决策贯彻在自己的教育教学中，执行在自己的教育管理中。这样才能科学掌握教育理念，正确贯彻执行教育方针，更好地落实教书育人的根本任务。

（五）提高教育教学热情

俗语说："教而不研则浅，研而不教则空。"教学与教研两者与生俱来、相互统一，也印证了教研和教学的相互促进的积极关系。但可惜的是，大部分教师没有认识到，也没有在教学工作中组织或参与真正意义上的教研，更没有在教研工作中积极反思自己的教学，所以在自己的教育生涯中一直扮演着"教书匠"的身份。

我近两年的教研员工作，真正见证了龙江镇音乐教师教研意识的改变。从最初的老师们不接受和不理解，经常以各种理由不来参加教研活动，到现在经常提前问要不要开展教研活动，结束后还留下来交流问题。我想，从这个现象就可以看出，老师们在教研活动中是有收获的，真正的教研活动是能帮助老师们解决实际问题的。我也相信，在这样的教研生态中，一定会提高老师们的教研热情，从而提高教学激情。所以说，好的教研改变的是一个好老师，而好老师则可以改变更多的学生。

（六）增强教师职业价值

一个合格的教师必须具备正确的教师职业价值观。正确的教师职业价值观包括优良的思想品格和道德修养、心理素质、知识与技能、正确的人生观和价值观等。因为教师是一个传递知识、启迪智慧、施行教化、培养接班人的崇高职业，教师影响的是成千上万的孩子，这份职业不仅崇高，而且还很重要。

我认为，教研就是教师提高自身品质、修身提绩的重要渠道，这是因为教研本身就是一种终身学习的方式。教师在教研活动中学习他人好的经验和做法，提高自己的教育思想认识，开阔教育眼界，提升自身的教学技能和水平，这些都是赋能职业价值的具体表现。通过教研，增强老师们的职业价值观，使他们看到自己的职业差距、明确自己的职业理想后就会自然地产生搞好教育工作的思想动机和行为动机，为实现自己的职业价值竭尽全力。这是一个潜移默化的过程，当然也需要在良好的教研生态中去滋养老师们的职业成长。

（七）实现教师自我价值

马斯洛需求层次理论是行为科学的理论之一，由美国心理学家亚伯拉罕·马斯洛于1943年在《人类激励理论》论文中提出。书中将人类需求像阶梯一样从低到高按层次分为五种，分别是生理需求、安全需求、社交需求、尊重需求和自我实现需求。自我实现需求作为最高层次的需求，是为实现个人理想、抱负，发挥个人的能力到最大程度，达到实现自我境界的人，接受自己也接受他人，解决问题能力增强，自觉性提高，善于独立处事，要求不受打扰地独处，完成与自己的能力相称的一切事情的需要。也就是说，人必须干称职的工作，这样才会使自己感受到最大的快乐。

我认为，教研最高的境界就是分享和超越自己，是一种理念和思想的传播，是把自己的教育教学理念、思想、方法毫无保留地传递给每一位老师，让每一位老师受益。当分享的时候，就会努力地去准备每一次的内容，挑战自己的每一次不可能，这种在教研活动中的自我价值实现与马斯洛需求层次理论的最高层次的自我实现需求是一致的。有时你会发现，当你分享的内容得到别人的认可或赞美的时候，心情是愉悦的，这也就是很多人说的分享是快乐的。此刻，你因为实现了自我价值而感到兴奋，为他人对自己的认可而感到高兴。

当然，也不排除很多老师认为分享是愚钝的，将自己多年在教育生涯中的所获所感毫无保留地分享给其他人，让别人不劳而获，方便了他人，愚蠢了自己。我想说，这是格局的问题，也是“舍”与“得”辩证关系的错误理解，有这样认识的老师也终将是闭门造车，得不到他人的认可，也不可能在教研中得到任何提升。

第二节　理　论

一、管理学——木桶理论

（一）理论阐述

木桶理论由美国管理学家彼得提出，属于管理学概念，说的是由多块木板构成的木桶，其价值在于盛水量的多少，但决定木桶盛水量多少的关键因素不是其最长的板块，而是其最短的板块。这就是说任何一个组织，可能面临的一个共同问题，即构成组织的各个部分往往是优劣不齐的，而劣势部分往往决定整个组织的水平。其核心内容为：一只水桶盛水量的多少，并不取决于桶壁上最高的那块木块，而恰恰取决于桶壁上最短的那块木板。根据这一核心内容，“木桶理论”还有两个推论：其一，只有桶壁上的所有木板都足够高，水桶才能盛满水。其二，只要这个水桶里有一块木板不够高度，水桶里的水就不可能是满的。

若仅仅作为一个形象化的比喻，“木桶理论”可谓是极为巧妙和别致的。但随着木桶理论被应用得越来越频繁，应用场合及范围也越来越广泛，已基本由一个单纯的比喻上升到了理论的高度。由许多块木板组成的“水桶”不仅可象征一个企业、一个部门、一个班组，也可象征某一个老师、某一个教研团队，而“水桶”的最大容量则象征着整体的实力和竞争力。“木桶理论”应用在教研中，可以有以下几种不同的理解。

（二）相关理解

我们知道，教研活动离不开教研团队和教师个人，从一个地域来看，这就是一个整体，它包含了团队和个人，每个人都影响着团队的发展，团队的发展也影响着每个人。第一种理解是如果把教研团队看作一个木桶，那组成木桶的每一块板材就是团队中的每一个人，根据对“木桶理论”的理解，这个团队的发展就取决于团队中最弱的那个人。作为学科教研团队，应该是一个积极上进，专业能力强，懂合作、善攻坚、能引领的组织，这就要求教研组中的每一位都要积极成长为那块“长板”，而不做那块“短板”，从而影响整个团队。

第二种理解是一个木桶的储水量，还取决于木桶的直径大小。每个学科教研团队就是不同的木桶，因为教研组中的每一个人的基础、学识、认识不同，有的基础扎实，有的基础薄弱，有的资源面广，有的资源面窄，所以木桶的大小也不完全一致。直径大的木桶，储水量自然要大于其他木桶，这些都对教研团队最初的发展起到关键的作用。所以，一开始教研团队组建就要往直径大的木桶去定位，将水平均衡，把能力较高的老师吸纳到教研团队中，将这个团队的容量扩充，尽可能地扩大储水量，这样的教研团队就具备了很好的人力资源和发展基础。

第三种理解是在每块木板都相同的情况下，木桶的储水量还取决于木桶的形状。在周长相同的条件下，圆形的面积大于方形的面积，因此圆形木桶是所有形状的木桶中储水量最大的。在教研团队中，强调的是组织结构的合理性，以保障其运作的协调性和向心力，围绕一个核心（教研团队负责人），形成一个最适合团队的形态。因此，教研团队的每一个人都要围绕这个团队负责人，每一个工作都要围绕团队核心目标去努力。所以说，结构决定力量，教研团队的组织结构（木桶的形状）也决定着团队（木桶）的水平（储水量）。我们有时会见到，团队中如果分工不明确、组织结构不详细，出现问题时就会相互推诿，各不负责。运用“木桶理论”来解释，就是组成这个木桶的板材形态出了问题，好的教研团队的配合要有紧密性，要有衔接，没有空隙，每个人都有其特定的位置，并各司其职，不能出错。如果队员之间的配合不好，出现隔阂，就会导致团队松垮，被有机可乘和不攻自破。

第四种理解是木桶的最终储水量还取决于木桶的使用状态和相互配合。虽然木桶的储水量取决于最短板的高度，但是，在特定的使用状态下，通过相互配合可增加一定的储水量。例如，有意识地把木桶向长板方向倾斜，其储水量就比正立时的木桶多得多；或为了暂时提升储水量，可以将长板截下补到短板处，从而增加储水量。一个团队，如果没有良好的配合意识，不能做好互相的补位和衔接，最终储水量也不能增加。单个的木板再长也没用，这样的木板组合只能说是一堆木板，而不是一个完整的木桶。教研团队也是如此，团队中的每个人都要学会灵活应变，学会互换和补位、沟通与协调。我们会发现，配合度高的团队，工作效率往往会高，大家不会斤斤计较个人得失，哪里有需要就哪里补位，团队作战状态很好。这样的教研团队必须每个人的思想认识到位，教研团队中的每个人都需要有这个意识和主动，以团队利益为己任，明白团队的发展需要每个人的努力与配合，个人发展也离不开团队的助力。

第五种理解是木桶中水的使用是可以演变的，所有的储水过程，其实还在于都是为了让水得到最大的使用价值，木桶不仅用来储备水，而且还是储备可资使用的水。一个木桶，首先它至少要有两块最牢固的木板装成提柄，以能轻松提取。这两块木板必须能负荷起整个木桶的重量。这就是板块的明星效应：木桶的板都一样长，只是说明你有这个储水潜力，如何发挥潜力及把它运用出来，必须有一定的借力，运用提或拉的动作操作起来。从木桶本身来说，一个木桶至少要有两块木板比其他木板更长、更牢固，才可以在上面装上借力的提柄，在提柄位置的木块要特别经得起提拉，所谓提纲挈领就是此意。作为教研团队，必须培养有核心竞争力的教师，以团队核心教师的优势统领整个教研团队的运作和发展，否则只是一个光溜溜的木桶，实在难将它提起。同样，一只太深的木桶，却装着太浅的水，这必将影响木桶的使用效率。这同样也不是一个优秀教研团队要追求的最终目标，不能造成人才浪费，也不能在教研团队中养闲人。

第六种理解是木桶储水多少还取决于各块木板的厚度。如果木板的厚度不够，水桶的直径越大、木板越长，就越危险。如果将这种理解放在教研团队中看，那就是把每个人的技能看作木板的长短，每个人的品德看作木板的厚度，技能水平的长短是可以通过努力提升的，也就是可以增长的。但如果教研团队中这个人的品质出现问题，那对于团队来说是非常危险的。因为团队的发展不仅仅是看它拥有多少有能力的成员，更要看它拥有多少品才都较优秀的成员，如果没有品德，那么这些人对于教研团队的损害程度与他的技能将成正比。可想而知，人的素养和品质不管在什么时候、什么地方都太重要了，教研团队和教研团队中的个人亦如此。

第七种理解是木桶的储水多少还取决于木桶底面的面积。如果一个水桶的底面面积不够宽，就等于没有了一个平台，就会使团队中的伙伴们被束缚住，难以施展手脚。但当桶底足够大时，伙伴们就可以发挥自己的特长，即使再短的板子也需要一定的空间。所以，教研团队必须给每个伙伴一个大的桶底，一个大的平台，才会让他们慢慢地成长，让团队中的每个人都有发展的机会和平台。不可否认，教研团队是教师专业发展的一个平台，而教师专业发展是学生发展的根本保障，是提高教育教学质量的关键，也是教师自身幸福感的源泉。但我们会发现，很多学校是忽视音乐教师专业发展的，只能是自求多福，更不用说提供机会和平台。在利益面前，音乐教师需要为文化科目教师让路。所以，在当前五育并举的教育理念和教育政策下，我正面提出这个现象更多的是呼应，而不是指责。就拿我所工作的顺德区龙江镇来说，就很好地为音乐教师们提供了成长的平台，在2021年龙江镇奖教奖学活动中，我所带领的龙江镇音乐中心教研组还被评为突出学科教研组。这离不开教研组的每一位老师的付出，其实，更离不开在龙江镇有这么好的一片沃土能让音乐老师也有发展的平台。

（三）教研启示

任何一个教研组织或团队都有一个共同的特点，那就是构成这个团队或组织中每个人的水平、能力是优劣不齐的，根据“木桶理论”的启示，劣势部分往往决定着整个组织的水平。但问题是“最短的部分”是组织中一个有用的部分，你不能把它当成一块“烂板”舍弃，否则这个木桶就会有缺口，一点水也装不了。劣势决定优势，劣势决定生死，这个理论告诉我们，作为教研管理者，要在团队的薄弱环节方面下功夫；作为教研团队的个人来说，要有忧患意识，如果你个人有哪些方面是“最短的一块”，就应该考虑尽快把它补起来，你一定要迅速将它做长补齐，否则它带给你的个人损失和团队损失可能是毁灭性的。很多时候，往往就是一件小事就会毁了所有的努力，前功尽弃。不管你是教研管理者还是参与者，了解“木桶理论”对于你管理教研团队和参与教研是非常重要的。

（四）教研思考

结合“木桶理论”和上述的七种理解，无论是提高教研团队的管理水平，还是提高教育科研水平，或是加强团队建设，只要是为了提升整体水平，都需要思考以下几点。

1. 如何“补团队短板”

最短那块木板的高度决定盛水的多少，只有将它补高，木桶才能盛满水。如果团队中的某个人有哪些方面是“最短的一块”，这会影响整个团队的水平，我们就应该考虑尽快帮他补起来；如果存在着“一块最短的木板”，就一定要正视和面对，并“固强补弱”，即先巩固优势再弥补弱势。也就是说，要想提高木桶的整体效应，首要的不是继续增加那些较长的木板的长度，而是要先下功夫补齐最短的那块木板的长度，消除这块短板形成的“制约因素”，在此基础上再巩固强化“高板”，实现整体功能的最大限度发挥。

以我所负责的音乐教研团队作为例子，镇音乐中心教研组一共7个人，分设教研总监1人、小学音乐兼职教研员1人、初中音乐兼职教研员1人，小学音乐教研助理2人，初中音乐教研助理2人。教研团队中的每个人都有自己的优势和擅长的方向，这是在组建教研团队的时候就考虑到了的。但在团队建设和管理中会发现，每个人的认识和意识、水平、能力是不一样的，这个时候我就会安排一件事情让其负责，同时安排另一位对其工作进行指导，帮助他很好地完成这项工作。从这个案例就可以看出，我就是先发现短板问题，再提供锻炼机会，最后安排专人跟进其工作完成情况，最好的帮扶和指导，就是典型的通过安排工作来锻炼个人能力，补齐团队短板，助力教研团队的工作效益最大化。

2. 如何“消合作缝隙”

如果一个木桶上木板间有缝隙，即便木板再高，水也会透过缝隙流掉，这对教研团队来说是致命的。每一个人都是一块木板，都有特长和短板，这就要求成员要有大局意识和整体意识，不能有本位主义。只有取长补短、各尽其用，才能发挥所有木板的最大效益。因此，团队中的每一名成员都要善于包容别人的缺点，发挥自己的优点，搞好团队中的相互关系，努力做到协调同步，做好补位衔接。只有这样，工作中才不会产生误会，才能消除缝隙，增强木桶上每块木板的紧密度，形成一个团结而有战斗力的教研团队。

其实，在教研团队管理中，人与人之间难免会因为一些小事产生误会和隔阂，如果作为管理者睁一只眼闭一只眼不去干预，长久下来团队就会产生嫌隙。这就要求教研管理者要有敏锐的察觉能力，善于发现团队中的问题，并能及时地通过谈话或创造工作机会让大家消除误会，积极引导团队中的每个人要学会合作、学会沟通、学会补位，明白在教研团队中处理好人际关系也是一种能力。

3. 如何“紧管理铁箍”

木桶之所以能盛水，是因为有铁箍将有序排列的木板箍紧。如果没有了铁箍的约束，木板也只能是散落的个体，发挥不了整体的效能。同理，在教研团队管理中只有用科学严谨的规章制度来约束集体成员，才能形成整体合力，增强凝聚力、战斗力，才能让团队成为一个坚固的“木桶”，迎接各种困难和挑战。

我认为，规范管理的重要性制度与文化是团队最基本的两种管理手段。一个优秀的教研团队一定是一个在制度完善、管理规范、文化共享的基础上再讲人情味的团队。首先，一个有效的、合理的、适合团队发展的管理制度能规范行为，提高工作效率和质量，依规做事，这样才能形成一种良好的团队风气和文化。其次，为何说优秀的团队是一个讲人情味的团队呢？我的理解是，制度不是用来“管”人的，是用来“约束”人的；规章制度是“死”的，但人是“活”的，有人情味的团队才温暖，大家才会乐于接受各种工作安排，并积极进取为团队争得利益。

从辩证的角度看，教研团队管理的“紧管理铁箍”要适合、恰当，不能一味地撇开人性来谈“冷冰冰”的制度，这样只会寒了团队中的人心，人心都散了，从何谈教研团队的管理。做一个有温度的教研团队管理者，就要“人心”和“制度”两手抓，紧密团结教研团队中的每个人，用制度约束每个人，用人心温暖每个人。

4. 如何“强核心提手”

装满水的木桶能否发挥效能，还取决于是否具有结实耐用的“提手”，没有强大的“提手”，只剩下组成木桶的各块板材，最终也只是一个“木盆”。其实，“提手”就好比教研团队的负责人或领路人。虽说团队的发展离不开每个成员，但领路人才是团队建设和发展的关键所在。所以，教研团队的负责人一定要强大自身，有专业能力和专业素养去引领大家和团队的发展。同时，还要处理好责任人与团队组员的关系，工作相互配合，指导有方，用专业魅力去感染每一位成员，这也直接影响团队的凝聚力、战斗力，影响教研团队的建设和长远发展。

试想，如果教研团队的负责人人品差、以上欺下，专业能力技不如人，那么这位负责人的影响力和感召力要打上问号的。因为他不能以自己强大的专业能力去引领团队发展，那么团队中的每个人就会人心散，各顾各，离你而去。我认为，“木桶理论”强调的“强核心提手”是整个理论的核心关键点之一，值得教研管理者认真学习。

5. 如何“固组织根底”

水桶能否盛满水、盛住水，最终取决于是否有一个结实的桶底。桶底坚决不能破，不能有漏洞。安全稳定对于一个教研团队来说，就像是一个木桶的底，没有牢固完好的桶底，出了问题，就会功亏一篑。因此，教研团队的管理者必须做好抓常规和打基础的工作，注重从问题出发、从源头抓起、从责任落实几个方面把团队建设的基础打牢，掌握工作的主动权。

除此之外，我认为教研团队的“固组织根底”还要注重团队中每个人的思想意识形态建设，因为这是底线、是红线，决不能碰。做到遵纪守法，遵守职业操守，尊重自己的职业，注重团队中每个人的思想教育，这也是所有行业中关于评价、评优、评先的一票否决指标。

“固组织根底”第二种理解就是加强教研团队中每个人的专业能力和业绩的提升，这也是团队发展的根基，否则无法让教师信服，无法引领教师发展。作为教研团队的管理者，需要学会给每个人搭建平台、创造机会、提供机遇，让他们在“做中学”“学中悟”“悟中思”，在过程中慢慢积累和沉淀。如果教研团队中的每个人都强大起来，这个团队的根底必然会坚固。

二、行为科学——需求层次理论

（一）理论阐述

马斯洛需求理论是由美国心理学家亚伯拉罕·马斯洛于1943年提出的。他认为，人类行为主要受到三个方面的影响：需要与能力的矛盾；生理与安全的矛盾；个人发展和社会发展的矛盾。这三个方面是构成人的需求层次高低的基本因素：低层次需求又称为个体最大最基本需求，是人自身能够获得和实现，也是影响一个人能否成功和幸福最重要的因素；中层次需求主要包括生理需求、安全需求和归属与爱等基本需求；高层次需求主要包括尊重需求、自我实现需求或超越期望等高级需求。马斯洛需求理论是目前人类行为学研究中使用频率最高的一种理论，被称为21世纪人类行为研究发展最快的一项重要成果。他将人类需求像阶梯一样从低到高按层次分为五种，分别是生理需求、安全需求、社交需求、尊重需求和自我实现需求。依次由较低层次到较高层次排列。在自我实现需求之后，还有自我超越需求（Self-Transcendence needs），但通常不作为马斯洛需求层次理论中必要的层次，大多数会将自我超越合并至自我实现需求当中。

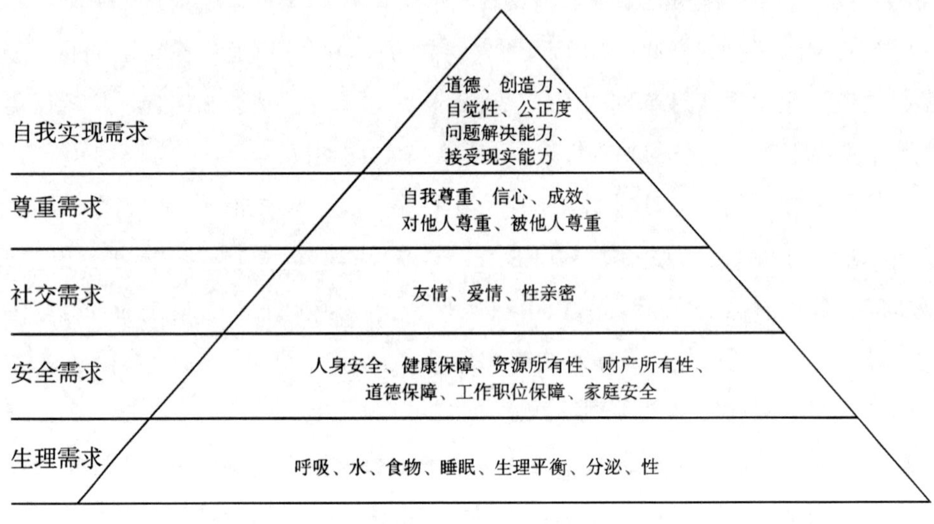

图1-2　马斯洛需求层次理论图

从图1-2得知，第一层级的呼吸、水、食物等被认为是最基本的生存、生理需求；有了基本的保障以后才会考虑第二层级关于人身安全、健康保障等安全需求。第一层级和第二层级被认为是人生存在这个世上最基本的生存需求。人在基本生存需求都满足的情况下才会去追求情感和尊重的需求，建立相互的友谊和爱情，建立彼此尊重的关系，这被认为是人的社交和尊重需求。而第五层级被认为是实现价值观、创造力、责任感、示范引领的最高层级，是自我成长、自我超越和自我价值实现的"塔尖"。他认为人活着要有满足基本需求的能力，人活着就要为满足基本需求而奋斗，否则将会被这个社会淘汰。这也体现了马斯洛需求层级理论中每个层级的进阶关系。

举个例子，假如一个人同时缺乏食物、安全、爱和尊重，通常对食物的需求量是最强烈的，其他需求则显得不那么重要。此时人的意识几乎全被饥饿占据，所有能量都被用来获取食物。在这种极端情况下，人生的全部意义就是吃，其他什么都不重要。只有当人从生理需求的控制下解放出来时，才可能出现更高级的、社会化程度更高的需求如安全需求。

（二）相关理解

我认为，除了第一层级的基本生理需求外，马斯洛需求层次理论的第二层级到第五层级都与教研有关，主要可以从以下五个方面进行理解。

（1）第二层级是安全需求，包括人身安全、健康保障、资源所有性、财产所有性、道德保障、工作职位保障、家庭安全等。马斯洛认为整个有机体是一个追求安全的机制，人的感受器官、效应器官、智能和其他能量主要是寻求安全的工具，甚至可以把科学和人生观都看成是满足安全需要的一部分。

教研组织应该是一个引领和服务教师成长的共同体，对教师专业发展有重要保障。就拿第二层级中的工作职位保障的安全需求来说，职位保障从某个角度讲与其本身的个人能力息息相关。在公司，有提拔和职位晋升的人往往是在优秀团队中培养起来的；在教师群体中，成长最快的往往承担着学校领导或中层干部等职务。这类群体有个共同的特点就是都在优秀的团队中承担过某种职务，接受过团队的学习和培养过程。他们在基本的生理需求的基础上努力地寻求职业和职位的安全需求，所以相比其他教师会比较上进，有激励因素的促成。因为，他们认为职业岗位的晋升寓意着有能力在某个岗位上带领一批人。

这点在民办学校尤为突出。众所周知，民办学校教师个人能力是影响其职业安全的重要指标，教学业绩差的教师随时可以被辞退。这相对于有稳定的公办编制的教师来说，民办学校教师承担着无法相比的工作负担和心理压力。想要保障这份工作或职位，就要不断进取，拿业绩说话，老师们就会不断为自己的职业保障付出更多的时间，不断地寻找优秀的团队，力求专业成长得更快、更好，他们对工作职位保障的需求会更加强烈。

（2）第三层级是社交需求，马斯洛认为人人都希望得到相互的关心和照顾。感情上的需要比生理上的需要来得细致，它和一个人的生理特性、经历、教育、宗教信仰都有关系。教师专业成长的路并不容易，没有抓住时机就会错失，对自身的专业发展造成很大影响。我们常见有些老师晋升为中级或副高级职称后就开始“躺平”，甚至获得些许成绩后就开始“佛系”，这类教师就是工作情感上没有得到照顾，缺少团队归属感，也没认识到往后的职业追求是什么。

人是高级的群体性动物，不管自己的教学水平和以往的工作业绩如何，如果长时间处在一个舒适的环境中，就会产生工作情感怠倦，进入职业舒适圈。此时，如果有优秀的教研团队能激发起教师的工作激情，让其有团队归属感，明确自己的教师专业发展需求是什么，就能很快地把这类教师“拉出”职业舒适圈，他们也将迎来教师职业发展的“第二春”。

好的教研团队本身应该是一个相互关心、相互学习、共同进取的优秀群体，让团队中的每一位成员都有归属感，并让大家相信在这个团队中能学、能做、能提升。同时也能给其他老师带去温暖，关注教师的情感需求，事事都要从教师发展出发，对教师专业成长进行科学规划，并提供成长平台和机会，这也是教研团队的服务宗旨。

以上谈到教师的第二和第三层级需求，都涉及了教研团队的重要性，对应教师工作保障和情感归属来说，教研团队都会是重要影响因素，不可否认的是，教研团队本身就是一个引领和服务教师的专业团队，应该让老师们感受到团队归属感，感受到学习有样，感受到成长有伴。

（3）第四层级是尊重需求。马斯洛认为人人都希望自己有稳定的社会地位，要求个人的能力和成就得到社会的承认。尊重的需求又可分为内部尊重和外部尊重，内部尊重是指一个人希望在各种不同情境中有实力、能胜任、充满信心、能独立自主。总之，内部尊重就是人的自尊。外部尊重是指一个人希望有地位、有威信，受到别人的尊重、信赖和高度评价。他认为，尊重需要得到满足，能使人对自己充满信心，对社会满腔热情，体验到自己活着的用处与价值。

从教研的角度理解，教研团队和个人其实也是彼此尊重的过程。不难理解，从内部尊重来说，老师们都希望自己能在好的专业发展平台和教研团队中培养自己的能力，希望自己能有实力、有信心，可胜任当下的工作；从外部尊重来说，也希望通过自己的努力和团队的培养，在专业领域有业绩、有影响力、有专业威信，得到他人的认可和受到别人的尊重。

我认为，内部尊重是外部尊重的基础，只有自己认为自己有能力、有信心完成每项工作时，才有可能在工作领域取得一个又一个业绩，才能得到他人的尊重，才能在自己的专业领域有地位、有威信，得到别人的尊重、信赖和高度评价，这其实就是内驱力和影响力的辩证关系。

就拿我所负责的音乐教研团队来说，团队中的每一位成员都很努力，长期以来，都在各自专业领域得到了长足的进步，并能胜任目前的教研工作岗位，团队带领其他教师不断创造佳绩。这有赖于在团队培养的同时，更重要的是教研团队中的每一位都想努力证明自己的专业能力，都希望得到他人的认可，所以他们自己也积极进取，努力地创造属于自己的每一份荣誉。我想，这就是在积累自己的专业影响力和专业话语权，是想获得自我尊重和被人尊重的需求，能很好地印证马斯洛需求层次理论的第四层级尊重需求。

（4）马斯洛认为，自我实现需求是最高层次的需求。他提出，为满足自我实现需求所采取的途径是因人而异的，自我实现需求是在努力实现自己的潜力，使自己越来越成为自己所期望的人物。做个比喻，教研团队就好比是一个有水来和有水排的池塘，这样池中才能养成大鱼。教研团队是一个学习的共同体，同时也是“传—帮—带”的优秀团队，学习就好比是引进的活水，要源源不断；“传—帮—带”就好比是池中的排水，要源远流长。“一引一排”才能把教研团队建立成为一个能养活鱼、养大鱼的池塘。我认为，在教研团队中追求自我实现的需要就是学会分享、学会指导、学会“传—帮—带”，或者是说在分享中才能实现自我价值，这就是教师专业发展过程中的“输出”，也是实现自我价值的途径。

以我带领的音乐教研团队来说，就非常注重每位老师学习吸收和学习输出，我会创新组织教研活动。如教材歌曲教学分析研讨，将教研主讲的讲台归还给老师，按照分工，每位老师要上台给老师们做教材歌曲教学分享：怎么分析、怎么教，并进行现场展示。再如，艺术新课标辩论教研活动，创设辩论平台，倒逼老师们自我学习艺术新课标，并通过有趣的辩论形式进行研讨，老师们不再是教研聆听者，而是教研主角，这样的输出方式其实就是老师们实现自我专业发展的教研途径，更是教研创造力、学习自觉性和问题解决能力提升的教研团队自我实现需要最好的成效表现。

（5）在自我实现需求之后，还有第六层级，那就是自我超越需求，但通常不作为马斯洛需求层次理论中必要的层次，大多数会将自我超越需求合并至自我实现需求当中。但作为教研的重要理论支撑，我想单独提取出来进行分析，并和大家分享我的理解。

从维克多·弗兰克提出的“自我超越”这个概念来说，与马斯洛需求层次理论中提出的“自我超越”不谋而合，都认为人真正追求的不是自我实现而是超越自我的生活意义。这种追求包含了对自然界、人类社会和文化，以及人在其中所处位置的探索和理解，是为了更好地把握人生，更有意义地去生活和工作。对人生意义的追求不是满足于自我的平衡状态，而在于一种自我的超越，表现为勇于承担责任，敢冒风险，不断地创造。被认为是发挥自己最大的能力，挖掘自己最大的潜能。

自我超越其实还是学习型组织（该理论在后文中会详细阐述）的精神基础，它强调自我、强调内因，教我们学会如何扩展个人的能力，突破成长上限，不断实现心中的梦想。自我超越并非易事，但通过自我超越的修炼可以重新认识自己、认识人生，挖掘出内心向上的欲望和潜能，以一种积极的、创造性的态度对待生活和工作。这就需要不断设定目标和有超越极限的行动，实现自我超越的结果。

在教研团队中，开展组织的各种有效教研活动都可以有效激发老师们的积极性（这也得看教师个人的成长需求到哪个层次）。同时，可以让大家看到彼此之间的发展差距。我认为，好的教研团队应该是能不断激发老师成长积极性，唤发起教师成长的内驱力，并帮助老师们规划成长目标，帮助每一位老师以积极的心态去谋划自己未来的专业发展蓝图，提供其成长平台。当然，作为教研团队的管理者首先必须自我革新、自我超越，同时愿意将成长方法和路径传递给团队中的每一位，并帮助老师们建立个人发展愿景，保持创新意识，善用结构性冲突，运用潜意识，付出真实行动，以达成自我超越的愿景。

我认为，教研的自我超越最终目的就是要把老师们导向为能包容团队中的每个人，相互间给予充分的关怀和爱护，重视自己的专业发展，或是通过自己相互影响其他人，各美其美，美美与共。让每位老师都愿意为这个团队付出，想要在教研团队中成长的同时愿意回报这个团队，受益于集体并利益于集体。

（三）教研启示

马斯洛需求层次理论的核心特征就是自我实现需求。其行为模式是指一种在某种程度上与行为相关的心理和生理特征，这些特征能够反映出行为者的需求、动机和欲望。自我实现需求是一种超越现实生活的、超越物质追求的、高度自我实现的需要，它强调对个人价值和社会价值的肯定。自我实现需求满足后，会产生出一种成就感，这种感觉类似于“满足感”或者说就是“满足感”，并且可能是长期的、持久的。对于教师而言，职业收入是自我实现需求工作所提供的最基本物质报酬，也就是最基本的需求保障，但这应该是远远不够的，教师在职业方面还要有自我激励和自我追求。可以说，教研就是实现自我激励和成长需求的重要途径。

（四）教研思考

教师、教学、教研三者是紧密联系、相互作用的，获得更好的教学业绩和教师专业发展都离不开教研。基于马斯洛需求层次理论的理解，结合教研工作的经验，我认为可以从以下三个方面去思考。

其一，作为教师，在教研活动过程中应该得到职业尊重。只要是人，都需要表现的机会，希望在人们面前展示和分享，渴望得到别人对其在专业上的尊重，尤其是那些与自己关系较好的人的尊重。如果一个人没有得到他人的充分尊重，那么他就会产生一种孤独、自卑，甚至是绝望、愤怒和报复的情绪，从而导致人际关系冷淡，并可能导致心理疾病。就教师和学生的关系而言，老师进入课室，站上讲台，希望的是学生能被自己所教的知识吸引，被自己的魅力感染，希望得到学生的尊重；就教师和同事、同行关系而言，也是希望得到大家的尊重，而这种尊重不是基本的礼貌问候，可能更多的是在专业能力和学术业绩方面的认可。所以，我认为教研活动应该把握“三少三多”原则，即教研组织者少讲、少做、少评，参与者多讲、多做、多评。分析来看，常见的教研活动老师们都是被动参与，主要是作为教研组织者或培训专家的倾诉对象，强行把教研思想、教育理论填压给老师们，甚至在一些培训讲座类的教研活动中，还要被主讲者点名提问，结果答不对题或是互动效果甚微，而很少看到教研活动现场是组织者在点拨和调控，老师们在激烈讨论和分享。

教研应该是老师们表现的阵地，是老师们交流教育经验和教育思想、理念的场所和平台，他们需要展示的机会。比如，我所负责的学科常规教研活动，就组织过课题申报专题培训，我所请的主讲人就是龙江镇获得过市级课题立项的主持人，并非科研专家。主讲人和我从前期的内容对接、准备、调整做了充分沟通，在培训时充分保障老师们的参与和实践，连续开展三场下来，老师们都反映收获很大，效果很好，主讲的老师也是信心倍增，在老师们面前的教育科研影响力增强，后来这位老师顺利通过了副高级职称考试，并获得了市级学科优秀教师荣誉。现在回想起来，是教研给予了老师们发挥的平台，在教研组织方面充分考虑到了老师们在不断“知识吸收”同时的“能量输出”，这很好地树立起老师们的学科专业威望或影响力，使其在教研活动过程中得到充分的职业尊重与认同。

其二，作为教研组织者，学习、了解和掌握马斯洛需求层次理论很有必要。不仅能很好地指导自己如何开展教研活动，更重要的是有机会把理论转化为实践，应用在真实的教研活动中。做到在教研活动前，充分了解老师们的教研需求和专业发展心声；教研活动中，能满足教师“专业输出”的需求；教研活动后，教师更好地获得教师专业发展的满足感。做老师们需要的教研活动，做有利于老师们职业发展的教研活动才能体现出教研组织者自身的价值，也是教研组织者一致要思考的问题。从人的群体发展性来说，教研组织者是教研团队的核心人物，应该不断地提升自己，要有前瞻性的教育理论修养、丰富的教研组织经验，更要有服务教师专业发展的教研情怀，这样才能更好地带领教研团队。

展开来说，就是要在需求层次理论指导下思考教研内容。首先是思考教研活动要研究的内容是什么，以及从教研角度来说应该关注哪些方面，以期提升教研思考力和领导力。在有关“中小学教研活动”的调查中，经过数据分析认为，教研组织者要不断地提高自身专业能力和专业素养，只有这样才能真正带领教师开展教育教学研究。其次是在需求层次理论指导下思考教研形式，这主要是思考如何将教研内容进行有效实施，以保障更好的教研效果。例如，集中教研、分组教研、分层教研，就是将各教龄段教师存在的共性问题通过集中教研解决，将不同教龄、年龄的教师分组集中以解决个性问题，将不同发展阶段教师的个性问题通过分层教研解决。不管是从内容还是形式来说，都是基于教师的专业发展需求，这也很好地印证了马斯洛需求层次理论在教研中的指导意义。

其三，作为教研参与者，应该积极主动地参与教研活动，并在活动中争取更多的分享机会，成为教研活动的直接受益者。俗话说："站上舞台就是演员，站下舞台就是观众。"教研活动就是一个"舞台"，而老师们就应该是舞台上的"角"。教研无非就是围绕中小学教师的具体工作来开展，其直接目的就是改进教育教学工作，提升教师专业发展能力，老师们就是要把实际问题提出来，摆上"舞台"去分析、去讨论，得出结论。因此，老师们作为教研参与者，不能简单地作为"观众"角色，更应该注重过程的自身行为参与，争取分享和表现的机会，将教研过程中的体会、感悟、收获转化到实际工作中去，改进自身教育教学行为，以检验教研活动成效。

教研就是要激发自身的意识，将自己以往"只听不说""只说不做""只做不讲"的教研行为，改进为"我带着问题来""我想提出教育教学问题""我想要和大家分享""我想要和大家研讨""我想大家帮我解决教育教学问题"，这就是作为教研参与者应该思考的方向，更要主动地走进需求层次理论中。作为编著者，我也希望您看到这里能静下来回忆，自己是哪种教研参与者，并思考今后要如何改变。

三、心理学——活动理论

（一）理论阐述

活动理论起源于康德与黑格尔的古典哲学，形成于马克思辩证唯物主义，被维果茨基提出，成熟于苏联心理学家列昂节夫与鲁利亚，是社会文化活动与社会历史的研究成果。活动理论强调了活动在知识技能内化过程中的桥梁性作用。活动构成了心理特别是人的意识发生、发展的基础，而人的活动具有对象性和社会性。

“活动”的核心内涵就是“做”，其源于拉丁文“act”，基本含义是“doing”。这一概念最早由古希腊哲学家亚里士多德提出，他认为活动分为理论、制作与实践活动，他在《范畴篇》中论述了这一问题。西方有许多哲学家也在各自的理解上对活动进行了论述，都具有一定的发展。但他们只承认抽象、思辨的活动或是机械地理解“活动”，认为“活动”只是个人行为、日常交往等人类行为活动。相对西方学者的理解，中国古典哲学对“活动”的理解更倾向于“行动”。“行”与“知”是分不开的，从朱熹的“论先后，当以致知为先；论轻重，当以力行为重”，到王延相的“知行兼举”等都可以看出中国哲学中“行”与“知”的关系。所谓“知行合一”应该是跟“活动”这个词最接近的理解了。而我国真正对活动理论的研究，可追溯至20世纪二三十年代陶行知先生的“生活教育”实验和陈鹤琴先生的“活教育”实验。经过几十年的探索，我国不少中小学在“活动”育人方面积累了不少的经验。20世纪90年代初，国家教委正式将活动课程纳入九年义务教育课程计划，活动及其认识发展得到了应有的重视，活动理论的研究和时间逐渐形成高潮。

可以说，“活动”是人类生存与发展的基本形式，是人类与周围客观事物交流与改造的过程，是人类完成对客观环境认识和需要的目的的过程。比如，在教学过程中，“教”与“学”就是师生之间的活动，在学习过程中，学习者完成学习活动即对认识需要的获得与对外界环境的改变。所以在活动理论中对于教学范畴而言，“活动”即教与学过程中的行为总和，是学生对知识认知与技能发展的总和。

活动理论的哲学基础是马克思、恩格斯的辩证唯物主义哲学。活动理论研究的基本内容是人类活动的过程，是人与自然环境和社会环境，以及社会群体与自然环境之间所从事的双向交互的过程，是人类个体和群体的实践过程与结果。人的意识与活动是辩证的统一体。也就是说，人的心理发展与人的外部活动是辩证统一的。活动理论中分析的基本单位是活动。活动系统包括三个核心成分，即主体、客体、共同体；还有三个次要成分，即工具、规则、劳动分工；次要成分又构成了核心成分之间的联系。（图1–3）

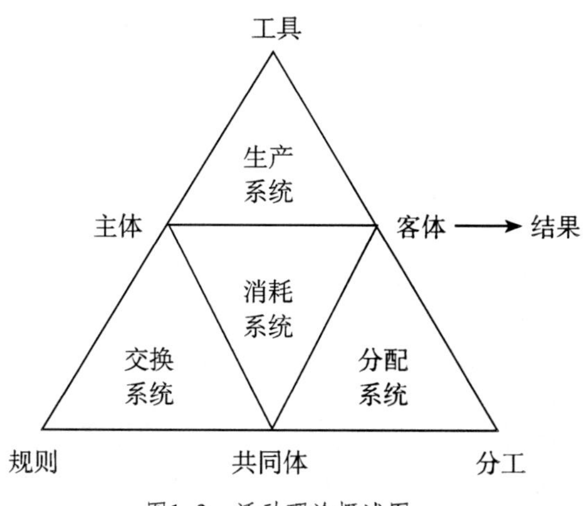

图1–3　活动理论概述图

活动理论有五大原则，即以目标为导向、具有层级结构、内化和外化结合、具有工具中介、发展原则。

以目标为导向是指活动是指向目标的，无论采用什么样的活动形式，是什么样的活动过程，它的目标是一定的。就教研来说，教研目标可以有丰富的教研形式，但不能改变教研性质，也就是教研目标在教研过程中应该是确定的。教研活动要反映教师主体的需要，当教师在教研活动中满足了学习需要，教研目标也就达到了。

活动理论同时具有层级的结构形式，一般存在三个等级：活动、行动和操作。操作是在活动中的动作单位，具有较小的目标性，是比较低级的活动层次。行动则是在一系列操作下的活动单元，行动完成一个比操作更大的目标，更靠近一个活动。活动是最高层次的结构，活动的目标是固定的，行动用以完成活动。活动的形式是多种多样的，对应的行动也是更加复杂的，但目标相对于时间、地点与学习者是不变的。从教研的角度来看，每学期的教研计划或教研系列内容就属于是活动的设计，它要分解到每一次的教研行动中，按周或按月去实施。而在每一次教研行动中又会有教研主体的具体操作实践，这就构成了教研的三个等级结构形式。

内化和外化是心理学的概念，是指活动对人的影响的两个方面。内化是将活动中的知识、技能、理论等内化到人的头脑之中，是学习者对外在世界认识的改变。外化则是因内化而改变学习者行为，改变学习者行为方式的表现。在教研活动中，通过观课、议课、磨课、技能培训、写作提升、课标理论学习等形式可以影响到老师们，形成活动内化的过程，这个过程中可以提升老师们的知识、技能和理论修养，而这种提升必然也会影响到老师们教育行为的转变，可以指导老师们应用到教学实践中或者是教育研究中。这点可以在活动理论中找到充足的理论支撑，因为教研活动就是由内化转向外化，再由外化影响内化的过程，并且相互影响、相互作用。

活动理论需要工具中介的介入。活动理论使用大量的工具，有基于人类文化的，如符号、语言等，也有物理的活动工具，如机器、自然环境等。这些工具在教研活动中其实都有用到，特别是对于网络教研，网络教学平台已成为教研活动的常用工具，以活动理论为指导，利用合适的网络平台必将成为教研的一个新亮点。

（二）相关理解

“教研”也称“教研活动”，也可以通俗地理解为做教育教学研究的一系列活动统称。根据活动理论概述图得知，活动离不开主体、客体和共同体，离不开规则、工具和分工。其实，教研活动亦是如此。基于活动理论，结合教研的思考。我认为教研活动中的主体就是教师个人，客体就是教研目标或教师成长目的，共同体就是除教师个人外的其他学习伙伴，规则就是教研计划和制度，工具就是教研环境和教研所需的软件或硬件设施，分工就是完成教研活动教研组的人员工作安排。具体分析，可以有以下七种理解。

1. 教研活动主体——教师个人

在教研活动中，主体即教师，是教研活动的执行者和受益者。活动理论中对主体的分析也就是对教师个人的分析，应调查教师具有的认知水平、情感、技能水平等特征。对教师的分析有利于在教研计划中给出合理的教研目标，组织更有效的教研活动，是后续教研工作的保障。

2. 教研活动的受体——学生

教研活动是教师们在一起交流、分享教学经验和教育教学资源、共学教育理论的活动。通过教研活动，教师可以互相学习，借鉴好的教学方法和经验，提高自己的理论水平和教学水平。这样，教师能够更好地为学生服务，提供更好的教育教学服务，从而让学生受益。因此，可以说教研活动的受益者是学生。

3. 教研活动客体——教研目标

教研活动中，客体即教研目标，或教师成长目的，是主体通过一定的活动受到影响改变和收获的东西。客体的分析与设计方向一方面要根据主体的情况因人而异，另一方面又要达到一定的要求，所以客体既具有主观性，又具有客观性。教研过程中的教研目标分析与准确定位，也是教研活动顺利、有效进行的前提。

4. 教研活动共同体——除教师个人外的学习者

在教研设计中，活动理论的共同体可以理解为除教师个人自身外的其他共同学习者、教师及其他工作人员等，这里的教研共同体是指与学习者共同完成整个教研过程的参与者，有时为引导，有时为参与，相互影响、相互促进。在进行教研活动的过程中，共同体不断影响主体，为主体提供所需的资源或资助，所以教研个体和教研共同体在教研活动中相互依存，并在整个教研过程中起到重要作用。

例如，音乐教研活动中为解决某一课的节奏难点，常会把参与教研活动的教师当成是学生进行实操练习，主讲人这时就是教研主体，而其他教师对于主体来说，就是参与这个教研内容的共同学习者，这些老师在这个时候起到的作用就是教研参与或教研配合，并影响着整个教研进程。

5. 教研规则——教研计划与制度

教研活动，制度先行。教研规则可以理解成用来协调主体与客体的，是教研活动过程中的一种制约和约定。比如，教研考勤制度、教研主讲人安排计划、教研纪律要求、教研记录情况、教研发言次数等，都需要在教研活动之前安排好相关事宜，并形成配套的考核机制。

我认为，制度和规则不是用来管人的，而是用来规范活动行为的。好的教研计划和制度一定是在遵循教研主体（教师个人）发展的客观规律、科学制定教研客体（教研目标）、充分考虑教研共同体（教研伙伴）各方之间优劣的基础上制定的，这样才能更好地规范教研活动整个过程，最大程度地保障教研的成效。

6. 教研工具——教研环境和教研所需硬件与软件

活动理论中的工具在教研活动中可以理解为教研环境和教研所需设备，包含教研过程中使用的硬件与软件和为教研所提供的场室环境布置。活动理论认为人类活动是离不开工具的，教研也一样。比如，笔墨纸砚是古代学习必备工具，现代的教材、计算机、软件APP等，这些都是可用于教研的硬件，而和谐的教研伙伴关系、愉悦的教研心情、良好的网络支持等都是软件工具。可以说，良好的教研环境设计可以使学习事半功倍。

例如，在2020年开始到2022年年底，新冠疫情一直影响着各行各业。有时，教研活动迫不得已也改为线上教研，教研伙伴们只能“云端”相见。在这种教研过程中所使用的软件APP其实就是用于支持教研活动的工具。试想，刻意将两位关系不好的教师安排在一个组开展教研，这两位老师肯定会很尴尬，导致他们的心情不好；教研过程中的话筒或投影时好时坏也会影响教研主体的心情，这些细节其实都是要考虑的，都是属于教研工具的设计。

7. 教研分工——教研组的人员工作安排

在活动理论中，完成活动过程需要不同成员完成不同任务，以使活动可以正常进行下去。该理论运用在教研中，不同的成员在教研过程中也都要完成不同的任务。教师是教研主体参与者，教研组是教研组织者，教研技术人员是教研活动辅助人员，在教研中各司其职才能保障教研活动的顺利开展。

比如，组织一次音乐课例研磨的教研活动，涉及的工作岗位有邀请专家、对接场地、活动主题背景、投影音响、活动宣传等。教研组就需要在前期做好人员分工，明确职责，提出工作要求，过程中反复对接修改。虽然根据教研活动需要，有些角色某些时候会发生变化，可能会临时突发情况，需要人员的应急和应变能力，但每个人都要完成自己应该完成的任务，否则教研将不能良性地进行下去。

（三）教研启示

从活动理论的萌芽、提出到成熟，它经历了一个长期演变、发展的过程，它是在不断批判以呆读死记、被动接受为特征的旧教育体系的过程中逐步确立起来的。结合教研的理解，我认为有五个启示。

首先，活动理论有助于教研组织者和教研参与者转变教研意识。它的哲学基础是马克思、恩格斯的辩证唯物主义哲学，研究的基本内容是人类活动的过程，是人与自然环境和社会环境，以及社会群体与自然环境之间所从事的双向交互的过程，是人类个体和群体的实践过程与结果。人的意识与活动是辩证的统一体，也就是说，人的心理发展与人的外部活动是辩证统一的。

其次，有活动理论的指导，能优化和丰富教研活动。教师个性化专业的形成和发展是以教学、教研活动为基础和前提的，活动能表现教师的教学个性，逐步形成良好的个性品质。这也是符合辩证唯物主义和历史唯物主义思想的，人只有通过活动才能对客观世界发生作用，能动地改造世界，同时，改造、完善、发展着本身，实现由“自然人”到“社会人”的转变。教研活动是培养教师专业发展的最直接、最有效、最现实的活动。作为教研组织者，应该从有利于培养、发展教师的目的出发，首先要优化教研活动，可以通过改革教研模式、创新教研方法、丰富教研形式、多元教研评价等。

再次，活动理论在教研活动中体现了教师的主动性。传统的教研从上至下以教研员为中心，老师们是被动地接受教研，活动理论强调活动的主体是人，注重教师的主体作用，强调教师在教研活动中主动交流，积极探索和构建、发展自己现有认知水平，对于“以教研员为中心”向“以教师为中心”的转变、突出教师在教研活动中的主体地位有积极作用。

从次，活动理论体现教师专业个性化发展特征。教师参与教研活动到完成教研内容，是建立在自己的兴趣、不足和现有认知经验上的，如果教研活动是建立在这个基础上，那在进行和操作过程中很大程度就体现了教师的个性化专业发展需求，并且通过教研活动，能更好地激发老师们的组织力、想象力、创造力，清楚地看到自己和共同体伙伴之间的差距，有利于分析自己的优缺点，力促教师自身专业发展的内驱力。

最后，活动是相互协作和交流的，融入了一定的社会关系和情景因素。活动理论应用在教研活动中能增进老师之间的互动性和情感。在教研活动过程中，教研主体和客体相互作用，教研小组间的互动和主讲人与老师之间的互动也更加频繁，在相互协作和合作中，相互之间也能取长补短、共同进步。

（四）教研思考

活动理论虽在教学中应用较为广泛，但教学和教研相互影响，同样能给教研带来一些思考。作为教研组织者或教研参与者，了解活动理论并积极应用该理论，对教研活动科学有序的组织和高效提质起到积极意义。

首先，学习和应用活动理论可以让“假”教研变成“真”教研。活动理论起源于古典哲学，是唯物主义思想的体现，属于心理学范畴，它经历了提出、成熟、发展、验证的过程，特别是该理论对人的意识和发展产生作用，注重人的知识技能提升。其实，开展教研活动不也是为了改变教师的发展意识，提供正向的指导，使其向良好的专业方向发展吗？如何能实现这个愿景，就是看“假”教研能否变为“真”教研，实现这个转变的过程就需要活动理论作为工具。

我认为，没有解决教育教学真实问题或老师们没有收获的教研就是“假”教研。当前，很多教研活动是为了教研而教研，没有教研目标、内容、方法和指向。显性的表现就是老师们集中在一起讨论着没有主题、没有意义、没有结果的话题，或是听教研员一人的“填鸭灌输”式宣讲。隐性的表现就是老师们长此以往，会觉得浪费时间，没有收获，使得心态和意识会发生变化，又碍于组织要求和面子，心不甘情不愿地来参加教研或是需要的时候就参加教研，忙的时候就不参加教研，变成人在心不在、眼在耳不在、耳在眼不在的教研假象。我还是鼓励教研去“形式化”和去“功利化”，不要作秀，要讲实际。

我曾经在自己组织的一次课题申报和论文撰写的专项教研指导活动中，看到老师们的眼里有光、心中有愿、脑中有想的画面，这个场景触动了我，让我觉得作为教研员对老师们负责是多么重要，因为他们信任自己，愿意跟着学，就像学生渴望获得知识一样。真的要做老师们需要的教研活动，做有利于老师们专业发展的教研活动，做老师们薄弱项目的专项教研活动。有时我会思考，老师们有时候为什么不来参加教研？还真不是老师的原因，要不就是我们做的教研活动对老师们来说没有用，浪费时间；要不就是有些教研活动不是老师们需要的；要不就是教研的组织和效果让老师们担忧……

其次，学习和应用活动理论可以给教研活动提供有利的理论支撑。用理论指导实践，以实践验证理论，理论联系实际是要坚持将理论与实际相结合，用理论分析实际，用实际验证理论，是要做到知其言更知其义、知其然更知其所以然，全面提升运用知识解决实际问题的能力。理论学习目的是武装头脑，运用所学理论指导实践。可以说，将活动理论运用到教研活动的过程就是理论指导和实践验证的过程。理论活动所阐述的主体、客体、共同体、工具、规则、分工与教研活动所需的内容非常契合，这也给该理论指导教研活动实践提供了理论基础。

那如何将活动理论很好地运用到教研活动中，值得每一位教育人思考。我认为，可以从三个观点阐述，与大家共勉。其一，活动理论联系教研实际要做到真学真懂。不仅是教研员要懂活动理论，学科教师们也需要懂，做到主动学习、自觉思考，真正把理论学习走向深处。其二，活动理论联系教研实际要做到以行践学。始终坚持一切从教育教学实际问题出发，树立正确的教研理念和问题导向，找准问题差距，克服形式主义教研，勇于承担和真分享。其三，活动理论联系教研实际要做到知行合一。以活动理论为纲，向教研实践问计，既要以教育创新理论指导实践来推动教研工作，也要在教研实践中充分发挥主观能动性，去开创教研新方法、新途径。

最后，学习和运用活动理论可以让学科知识转移机制回归到教研实践中。简单理解，就是教研机制的制定要对标学科主体和相关学科知识。因为，该理论可以对建构的教研机制进行实践并提出策略，从动机、劳动分工、规则、中介等方面出发，提出观照主体需求、联结知识与情感以激发转移动机；夯实教研活动中教师的主体地位、厘清不同活动边界、培育知识分享意识以明晰分工；促进教研员角色转型、达成主体间的双向沟通、改进主体的心智模式以促进知识共享的活动规则，实现学科知识转移机制向教研活动转移。

四、管理学——学习型组织理论

（一）理论阐述

学习型组织理论是一种企业组织理论。学习型组织是一种有机的、高度柔性的、扁平化的、符合人性的能持续发展的具有持续学习能力的组织。

成为学习型组织的途径有五种，即自我超越、改善心智模式、建立共同愿景、团体学习、系统思考（五项修炼），其中以系统思考为核心。系统思考的基本方法和理论基础是系统动力学，但是系统思考更强调通过系统基模进行定性分析。因此，学习型组织理论是动力学方法在组织管理领域的成功运用。学习型组织不是单一的模型，它是一种态度或理念，是用一种新的思维方式去思考组织管理。在学习型组织中，每个人都要参与识别和解决问题，使组织能够进行不断的尝试，改善和提高其能力，学习型组织的基本价值在于解决问题。在学习型组织内，成员要参加问题的识别，这意味着要懂得成员间的各自需求。成员还要解决问题，这意味着要以一种独特的方式将一切综合起来考虑以满足成员间的需要。学习型组织理论常常是通过新的观念和信息而不是通过物质来实现价值的提高。

学习型组织包括五个要素。

1. 培养组织成员的自我超越意识

"自我超越"是由维克多·弗兰克（Viktor Emil Frankl）提出的一个概念，他认为人真正追求的不是自我实现，而是超越自我的生活意义（这点与马斯洛的需求理论第六层的自我超越层级很契合，但没有放进理论图示中）。这种追求包含了对自然界、人类社会和文化，以及人在其中所处位置的探索和理解，是为了更好地把握人生，更有意义地去生活。对人生意义的追求，不是满足于自我的平衡状态，而在于一种自我的超越，表现为勇于承担责任，敢冒风险，不断地创造。通俗讲，自我超越就是一个人总是能认清自己真正的愿望，为了实现愿望而集中精力，培养必要的耐心，并能客观地观察现实，这是建立学习型组织的精神基础。一个能够自我超越的人，一生都在追求卓越的境界，而自我超越的价值在于学习和创造。

2. 改善心智模式

从本质上看，心智模式是人们在大脑中构建起来的认知外部现实世界的"模型"，是人们的思想方法、思维习惯、思维风格和心理素质的反映，它会影响人们的观察、思考以及行动，它的作用机理就是"见—解—思—行"。一个人的心智模式与其个人成长经历、所受教育、生活环境等因素密切相关。而每个人的心智模式都不会很完美，所以要通过不断学习才能弥补自己心智模式的缺陷。但由于心智模式隐而不见，而且具有自我增强的特性，它常常变得根深蒂固，难以改变。用学习型组织理论来反观自己就能清楚自己的思考与行为是如何形成的，并尝试从"见—解—思—行"四个方面去获得新的认识和新的信息，并以新的方式对其进行解读、思考和决策。这从本质上看是一个自省、学习、创新和变革的过程，也就是改善心智的过程，所谓的自我反省和修炼。

3. 建立共同愿景

共同愿景指的是组织中所有成员的共同愿望、理想或目标，并且这种愿望、理想或目标表现为具体生动的景象，它为组织的学习提供了焦点和能量。源于成员个人的愿景而又高于个人愿景，它建立在共同价值观的基础上，是对组织发展的共同愿望，并且这个愿望不是被命令的，而是全体成员发自内心想要争取、追求的，它使不同个性的人聚在一起，朝着共同的目标前进。包含愿景、价值观、目的和使命、目标这四个要素。“共同愿景”的概念与“理想”相似，但又与理想不同，理想大多指向未来，同“共同愿景”相比更抽象，“共同愿景”描述的是现在和当下。

4. 搞好团体学习

团体学习是五项修炼的第四项修炼。是指组织中不同层次、不同部门的成员相互交往、相互学习的状态。由于团体的智慧总是要大于个人的智慧，因而团体学习能够比个体学习产生更为突出的效果和出色的成果，并且团体中的个人成长速度也比采用其他的学习方式要快。在现代组织中，学习的基本单位是团体而不是个人，团体学习的修炼要从“深度交谈”开始，即一个团体的所有成员，摊出心中的假设，而进入真正一起思考的状态。通俗地讲，就是一个团队是由很多目标一致的个人组成的，团体学习让每个成员通过“深度交谈”或“研究讨论”，相互影响，以实现团体智商远大于成员智商之和的效果，用一个不对等的公式表示就是“1+1>2”。这里要明确的是团体学习必须建立在发展“自我超越”及“共同愿景”的工作上，存在着一定的逻辑关系。每个团队的“团体学习”都搞好了，这个团队才更有竞争力，教研才有好生态。因此，“团体学习”比个人学习更重要，也会影响个人学习。

5. 运用系统思考

“系统思考”就是从整体上看待我们身边的各类系统，对影响系统行为的各种力量及相互关系进行分析，以培养人们对动态变化、复杂性、相互依存关系的理解，从而更好地与系统和谐相处，共同发展。通俗地讲，就是用系统思考观点来研究问题、解决问题。其核心就是：从整体出发来分析问题；分析关键问题；透过现象分析问题背后的原因；从根本上解决问题。系统思考是见识，也是综合能力。这种见识和能力只有通过不断学习才能逐渐形成。

（二）相关理解

学习型组织理论虽然是一种企业组织理论，但从学习型组织的概念、内容、要素、特征中可以找到教研工作的对应共同点，这对教研组织管理工作有很好的指导意义和借鉴价值。对应教研工作的具体内容可以从八个方面来理解。

第一，学习型组织提出组织中的成员要拥有一个共同的愿景。这源于个人的愿景但又高于个人的愿景，它是组织中所有人共同愿望的景象，是他们的共同理想。它能使不同个性的人凝聚在一起，朝着组织共同的目标前进。

俗话说："三个臭皮匠，顶个诸葛亮。"从教研角度来看，教研组或教研团队就是一个有着共同发展愿景的集体，教研团队的每个人都有着不同的认知水平、思想意识和专业能力。能积极主动来到教研团队的老师必然是为教研氛围、资源和发展样态所吸引，每个人都带有发展愿景，都想在教研团队中学习、成长、服务。而每个人的发展愿景又构成了整个教研团队的发展愿景，二者相互影响和促进。这是因为，每个人的发展愿景其实反映的是老师们自身的发展需求，教研团队就是为了实现老师们的发展需求而存在，做好服务引领和具体的指导工作，在一定程度上讲，就决定了教研团队的愿景该如何规划。

也许，您会说这不是被老师们"牵着走"吗？我认为，教研团队规划发展愿景并不是一味地迁就老师们的意愿，老师们说怎么样就怎么样，而是要在清楚教师个人发展愿景的基础上结合工作实际来规划阶段性或长远性的教研团队愿景。只有在这个基础上制定的团队愿景才能既基于又高于教师个人的发展愿景，让其认同并产生团队归属感，并能激发他们自愿地、乐意地为团队付出。其实，教研团队和教师个人是一种相互依存关系，教研团队存在的意义就是帮助老师们实现自身发展，实现他们的成长愿景，核心工作就是做好引领和辐射。老师们对教研团队抱以期望来到团队中，如果不能对其产生价值和影响，那教研团队也没有存在的必要。

第二，学习型组织由多个创造性个体组成。在组织中，团体是最基本的学习单位，团体本身应理解为彼此需要他人配合的一群人。组织的所有目标都是直接或间接地通过团体的努力来达到的。俗话说："正是彼此需要，所以走到一起。"从教研角度理解，教研组就是一个团体基本单位，也可以是在教研过程中临时组建的学习小组。

例如，在开展"切片式"专题研讨的教研活动时，将一个大的内容切分为若干个小内容分摊到各小组中，在小组中设立一名组长，由其进行分工，老师们清楚自己的分工任务后参与小组研讨，并设置时间，这样做能增强研讨的效率，小组也能很好地完成研讨内容。整个过程中，小组成员们发挥自己的主观能动性，积极参与，大胆发言。因为在此时，大家都知道只有配合才能不拖小组的后腿，为了达成团队目标去发挥自己的能效。这很好地体现了学习型组织中的个体创造和相互配合。

第三，学习型组织注重不断学习、善于学习，这是学习型组织的本质特征和核心观点。这里讲的善于学习指的是"终身学习、全员学习、全过程学习、团体学习"。

首先，作为教研团队的成员都应该养成终身学习的习惯，这样才能形成良好的团队学习氛围，促使成员在工作中不断学习、反思、实践、提升，这也是发挥环境影响人的一种功能。我认为，教研活动中坚持开展类似于共读一本书、好书分享、好文品鉴、课标研读等活动非常有必要，可以倒逼老师们去读、看、思，同时，通过评比展示的评价机制去保障学习成效。长期坚持，就能使其养成阅读习惯，同时在教研团队的读书氛围中形成终身学习意识。

其次，全员学习不光指教研团队的成员，教研管理者（教研员）更需要学习。可以说，教研管理者是整个教研团队的引领者，决定教研团队的发展方向和层次，因而教研员更需要加强自身学习，并且是高端、多维、深度的学习。试想，只会叫老师们学习，自己不学习的教研管理者如何能把教研做好？更不用说教研从何谈起、从何做起、该怎样去发展。

再次，学习必须贯彻于教研活动的整个过程之中，具体包括准备、计划、实施、总结四个阶段。但学习型的教研团队不应该是先学习然后进行教研准备、计划、实施、总结，不要把学习与教研工作先后分割开，而应该强调边学习边做好教研准备、边学习边制订教研计划、边学习边实施教研内容、边学习边进行教研总结。它们之间是平行共进且相互交织的。

最后，教研中不但要重视教师个人的学习、智商、情商的开发，更强调团队成员在合作学习中的团队智慧（组织管理能力）的开发。如果说终身学习是针对教师个人而言，那团队学习就是针对整个教研组织而言。我一句、你一句、他一句，汇集后就是“金句”；我一言、你一语、他一问，集合后就是“良策”。教研团队的学习讲究的是合作，这远远超于个人学习所带来的收获和成效。就像我经常跟我的教研团队老师们说的，“个人向团队看齐，团队向个人学习”。这句话可以从两个方面去理解；其一，要求成员要学会在团队中观察、学习、做事，去提升自己的学习能力、智商和情商（做人、做事）；其二，团队智慧就是看其对成员的管理水平如何，要根据成员的情况来调整团队的管理措施。双方都要明白团队学习与个人学习的相互影响、相互促进关系。

第四，学习型组织强调下沉式的扁平化管理。传统的教研管理组织通常是金字塔式的，由教研单位领导传达给教研员（专干），再由教研员（专干）传达给学科兼职教研员，再由学科兼职教研员组织中心教研组进行商议，最后才召集教师开展教研活动（图1–4）。但学习型组织的组织结构则是扁平的，即从最上面的决策层到最下面的操作层，中间相隔层次极少，我比较认同的是教研专干根据教研工作需要，可以直接跳过中心教研组的教研员，找到适合该项工作的负责人，由其具体跟进和实施，或者是教研专干直接对接教研员，由其去组织开展教研活动（图1–5）。从教研角度讲就是尽最大可能将决策权放给学科中心教研组，由教研组教师按照分工进行计划、组织、管理、实施、跟进，甚至是直接由某一位胜任某项工作的教师跟进教研工作，让学校教师拥有充分的教研自决权，并对产生的结果负责，从而形成“教研员（专干）—兼职教研员—学科教师”的扁平化组织结构。但在扁平化管理过程中需要让下一层的人员明确上一层人员的决策思想和要求。这样做是为了减少管理层级，增加教研工作效率。只有这样，教研团队内部才会互相理解、互相学习、整体互动思考，协调合作的群体才能产生巨大的、持久的创造力。

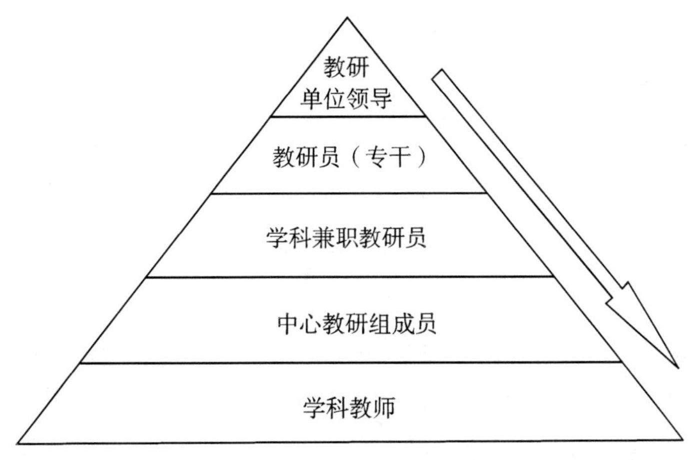

图1-4　传统教研组织架构

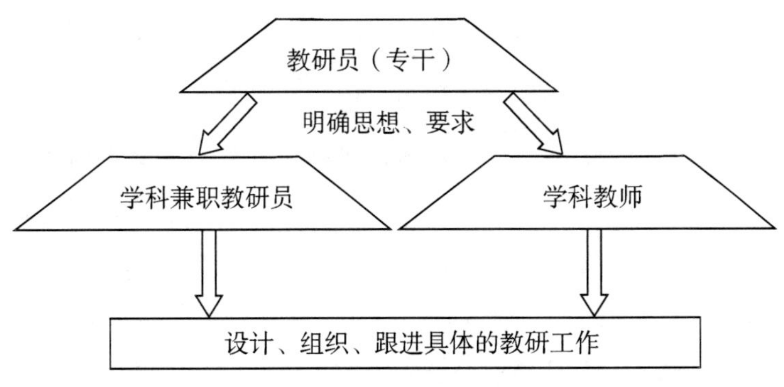

图1-5　扁平化教研组织架构

第五，学习型组织注重自主管理。“自主管理”是使组织成员能边工作边学习，并使工作和学习紧密结合的方法。简单理解，就是教研组织中的个人要从“他人觉醒”走向“自我觉醒”。在教研组织中，通过自主管理，可由组织成员自己发现工作中的问题，自己选择学习伙伴组成团队，自己选定发展进取的目标，自己进行现状调查，自己分析原因，自己制定对策，自己组织实施，自己检查效果，自己评定总结。只有这样，团队成员在“自主管理”的过程中，才能形成共同愿景（这点与上述第一点“学习型组织提出组织中的成员要拥有一个共同的愿景”相辅相成），并能以开放求实的心态互相切磋，不断学习新知识，不断进行创新，从而增加组织快速应变、创造未来的能量。

第六，学习型组织的边界可以重新界定。“边界”既可以建立在组织要素与外部环境要素互动关系的基础上，也可以在时机和条件成熟的基础上超越传统的根据职能或部门划分的边界。例如，传统的教研活动是由教研员承担的，但是，在组织架构成熟，组织中的个人完全有责任心、有想法、有方法、有组织能力的情况下，学习型组织的边界就可以被打破，就可以由某位学科教师去组织教研活动（这点也与上述第四点提及的扁平化管理相契合）。

就拿我所负责的音乐学科教研来说，我经常“放手”我的团队教师，在背后鼓励和支持他们去自主开展教研活动，只是在教研活动前给予意见和指导，在教研活动时现场参与和支持他们。这种做法其实就是学习型组织中提及的组织边界重新界定，不再由我来组织管理，可以由教师直接组织教师开展教研活动，既锻炼了学科教师组织管理能力，也解放了自己。

第七，学习型组织在使教师获得专业发展幸福感的同时，也能增强他们对教研团队的尽心回报意愿。教研团队就是一个资源平台，教师个人在教研中可以获得专业提升的机会，科学有效的教研能影响其在心理上产生进取心，也就是常说的积极心理。从功利性层面来说，老师们在教研团队的指导和支持下，可以在学科领域获得荣誉或竞技奖项；从非功利性层面来说，好的教研团队肯定能影响一批教师，能改变他们的职业认识，让他们在教学上保持学科研究精神、掌握科学的教育研究方法，在个人专业发展上有明确的目标和强大的动力，这无疑就是教研团队对教师专业发展幸福感的作用。让老师们感受到教研团队对他的积极作用和深远影响，他们也必然会真心为教研团队的发展去思考和出谋献策，积极回报教研团队。从这样的现实角度来说，教师个人的专业发展看团队，教研团队的发展看教师个人，二者相互依存、相互影响。

就拿我负责的音乐教研工作来说，我主张一人参赛，全团出动。每一次的学科竞技比赛，离不开参赛教师的个人努力，但教研团队的作用不可估量，它能给予参赛教师科学的指导，不断提供资源和平台，赋予其积极备赛的心理状态。近几年，佛山市举行的教学能手大赛属于高端的教师学科性的专业竞技，比赛内容多，涉及面广，对教师全方位进行考核。面对这样的赛事，我们教研团队就会从比赛文件解读、比赛项目设计、集体备课、模拟上课、技能提升等方面进行全方位支持和跟进，参赛教师的一句一词、一言一行都是在教研团队的指导下准备的。说实话，作为参赛老师，他们的职业幸福感很强，他们不会感觉到孤独和无助，因为后面是强大的教研团队在支持着，这对参赛教师的心理也会产生积极影响，他们会充满信心，刻苦备赛，争创佳绩。当比赛结束，有一位老师得知最后拿到了佛山市教学能手荣誉称号的时候，我收到了他的短信，他说："谢谢一直以来教研组的学习氛围感染了我，特别是在我备赛期间给予的精心指导，整个教研组的付出让我充满信心，为顺德龙江争得了荣誉；这份荣誉不仅属于我个人，还属于整个龙江音乐教研团队，今后，我会积极为龙江的音乐教研工作付出自己的力量。"这段话足以印证，学习型组织（教研团队）会对个人产生积极的影响，同时也能获得个人对团队的回报。我想，这样的教研好生态在今后肯定也会影响更多教师。

第八，学习型组织中领导者有着新角色。在学习型教研组织中，领导者有着新的定义，他不仅是学科教研的管理者，更是学科教研的领导者和服务者。这里需要说明的是，领导者和管理者有着本质的区别，领导者需要思考、分析和掌舵，而管理者只需要实施、执行和落实。作为教研领导者，绝不是简单地组织教研活动，还要求必须具备对教研组织要素进行分析整合的能力；不只是设计教研的结构和政策、策略、方法，更重要的是能设计教研组织发展的基本理念。

当教研员作为领导者的角色，他的首要任务就是了解、分析真实情况，协助教师对真实情况进行正确、深刻的把握，提高他们对教研组织系统的了解能力，促进每个教师的学习。当教研员作为服务者的角色时，其职能主要表现在服务教育管理决策、服务学生全面发展、服务教师专业成长、服务学校教育教学。当教研员面对教师群体时，他就要承担起实现教师个人专业发展愿景的使命感，让老师们自觉地接受发展愿景的召唤。

学习型组织对教研工作有着不同凡响的作用和意义，了解、学习、理解、借鉴该理论对教研工作会有很大的帮助。它的真谛就在于：学习一方面是为了保证教研组织的生命力，使其具备不断改进的能力，提高其竞争力；另一方面更是为了实现教师个人专业发展与工作的真正融合，使其在工作中获得幸福感。

（三）教研启示

学习型组织提出自我超越、改善心智、共同愿景、团体学习、系统思考这五项修炼，即实现途径。我认为这是对教研的最大启示。做过教研的老师都非常清楚，教研意义、教研作用、教研理念、教研载体、教研价值与学习型组织的五项修炼完全可以对应。这也就是说明学习型组织理论对教研具有指导意义。

前面也阐述了自我超越包括建立愿景、看清现状、实现愿景三个内容，而教研就是要先建立老师们的发展愿景，并指导教师分析自我发展现状，给予长期的外因介入，给老师搭建平台，以此点燃教师内在的发展愿景。在这个过程中，老师们看清现状与自己的愿景间的距离，从而产生出“创造性张力”，进而能动地改变现状而达到愿景。在原先的愿景实现后，又培养起新的愿景。随着愿景的不断提升，又产生出新的“张力”，往复循环。显然，培养教师的自我超越能力是教研组织生命力的源泉。

教研组织的生命力来自教师，教研组织发展的阻碍多来自教师个人的旧思维，例如固执己见、本位主义，唯有透过在教研团队的学习，以及树立标杆学习，才能改变教师的心智模式，有所创新。我认为，对于老师来说，改变心智是一个长期的过程，不可能一次成功，原因有二。其一，与教师成长环境与工作对象、范围有关系。教师长期在教学一线，接触的人或事，以及学习提升的机会不多，这就潜移默化地影响了教师的思想行为，或是心智。其二，心智需要长时间对教师的影响才能使其发生改变，具体可以从学习环境、学习对象、学习方式去尝试。可以说，如果教研要改变人，最先应该改变教师的认识、意识、思维，从而影响到教师的心智，这也是管理的最高境界，不是人管人，而是改变他人的心智与思维模式。

教研组织就是一个学习共同体，成员彼此之间经常在学习过程中进行沟通、交流，分享各种学习资源，共同完成一定的学习任务，因而在成员之间形成了相互影响、相互促进的人际关系。在团队管理中，团队凝聚力第一步就是要建立共同愿景，并把这个愿景建立在自己的愿景之上，以这个愿景为发展目标，达到发展认同。有时，我们在打造成功团队时，可能觉得为团队确定目标还是相对比较容易的，但要将大家的共同目标灌输于团队成员并取得共识——责任共担的共同目标，可能就不是那么容易了。但为了追求团队的共同目标，各个成员求同存异并对大家的共同目标还是要有深刻的一致性理解。

自学、群学是常态化学习方式，但对比起来，自学是建立在自我认知基础上，而群学是建立在自我认知基础上还能学习到他人的思想和知识的形式。我认为，群学很有必要，也很需要方法。学习型组织的主要内容中提及的团体学习，在教研中就应该是围绕这个特定集体的共性问题，在学习和解决问题的过程中，有针对性地提升学习者个人的知识、态度和技能。团队学习是发展团体成员整体搭配与实现共同目标能力的过程。对组织和个体来说是双赢的选择，也是双赢的结果。教研活动中，群学也是输出自己和吸收他人的过程，这需要教研形式的创新，双向设计，做好教研机制的保障。

教研对教师个人的发展起到重要作用。作为教研组织者，不能凭空设计，想到哪个就开展哪个，或自己想干什么就干什么。而是要基于教育教学或教师个人发展问题，以当前教育教学研究热点话题为抓手来进行教研的整体把握。这就要求教研要有整体设计，就像单元整体教学一样，这是教研增效提质的必然路径。就像我所负责的区域学科教研，通过调研访谈和平时评优评先活动中音乐教师落榜等现象，我发现，音乐老师们在课题研究方面很弱。在征集教研组意见以后，我开展了10期中小学音乐教师教育科研专题培训研讨，对这个教研主题做了整体设计，从如何解读好的课题申报书开始，把申报书中需要填写的内容进行拆解，作为每一次教研的小专题进行深入讲解和研讨，并做范例展示。开展下来，老师们都反映收获很大，对课题申报有了系统性思考，特别是就内容的撰写如何下笔有了方向和框架。这无疑就是通过教研对老师产生的积极意义，是以问题为基础，以团队共研为形式，以专人带领、分组参与的教研活动的系统思考和整体设计。

（四）教研思考

学习型组织理论是系统动力学方法在组织管理领域的成功运用。该理论给教研带来的思考我认为是多维度的，因为每个地域、每个学段情况都不一样。但我认为，该理论的系统性概念阐述对科学、规范、创新教研具有指导意义。

思考一：教研组织如何进行弹性化、扁平化管理?

管得严，组织内部会出现逆反；管得松，管理者不放心，担心工作难以落实，难出成效。但这不意味着不需要制度的保障，所谓“无规矩不成方圆”，在制度的范围内，能做到教研管理的创新模式才是思考的方向。

我觉得，这个话题就像“法外无情”或“法外有情”的辩论一样。我们常听到，技能是练出来的，办法是想出来的，潜力是逼出来的，不逼就平庸，但教研管理绝对不是管出来的，叫老师们怎么样就要怎么样，用微小的“职权”去压制老师。管理还要讲“人情味”，用情去打动你的教研成员，老师们才会真心地佩服。我们有没有想过，教师是有着高尚的职业操守和职业道德、有个性的知识分子。他们不像企业的员工，光靠压榨是出不了成绩的，反倒会使教师出现逆反心理，这对组织的管理是不利的。学习型组织提出高度弹性化、扁平化的管理，无外乎就是要讲管理的创新。

我认为，教研组织管理要从“团队靠带头”的“火车头”模式向“团队我来带”的“动车组”模式转型，做到充分信任、充分放权，过程跟进、过程考核，激发你的团队动力。大的来说，如果作为省、市级学科教研员，只要管好各地市和各区（县）教研员即可，具体工作通过对接这部分人去落实跟进；小的来说，镇级教研员只要管好教研组长即可，充分发挥他们的组织管理能力，而他们在管理能力得到锻炼的同时也可以在学科教师面前树立威信，是一个双赢过程。

思考二：如何让教研团队有着持续发展的动力和培养组织人员的学习能力？

实践表明，当组织成员强烈认同组织理念、形成共同愿景时，每个人真正的自我就会和组织完全融合在一起，就会改变被动与遵从的角色，从而全身心地投入和服务团队。结合学习型组织理论和教育管理实践，可以从两个方面进行思考。

首先，要摆正教研管理者与教研参与者的平等关系。鼓励平等对话、强调教师积极参与教研是构建学习型组织的第一步，让老师们感觉在私下没有距离感，但又能在工作上适当保持点距离感。我建议，建立平等民主的对话模式，鼓励教师在各种场合与管理者平等交流，表达意愿，强调教师在各个方面的积极参与，这对教研组织管理很重要。试想，如果老师都不来参与教研，不敢表达自己的心声和建议，或是做出与教研管理者背道而行的行为，那就连教研管理者和教研参与者的对话机会都没有了。出现这样的情况，应该是教研管理出了问题，老师们不愿意在教研团队中寻求发展，或是这个教研让老师们失去了信心。

其次，强调教研团队意识，在合作与互助中倡导教师的个人自主发展。我想，教研组织对教师个人最大的作用就是影响其向好的方向发展。在教研组织中，重要的是要建立同行之间横向的交流与分享。重视团队建设内涵发展，鼓励教师之间形成相互激励、相互帮助和共同提高的团队关系。尤其强调教师要当面沟通，杜绝背后议论，着重改善组织中的人际沟通理念与技能。这种人际沟通理念和技能的改善过程，不仅是教师基本素质提高的过程，也是每位教师人生观和价值观的重塑过程。强调团队整体的和谐和工作的最佳绩效，从制度上鼓励教师之间建立起积极依赖、相互合作的团队关系。所以，培养教研组织人员的学习能力不仅包括专业知识和技能，更应该先学习好如何正确处理团队与个人的关系，在良性的人际关系中再依托团队来规划个人的发展。

第二章 音乐教研的思考

中小学音乐教研是指通过教师之间的合作、交流、研究，提高教师教学水平，促进音乐教学的发展和进步。中小学音乐教研是一种全方位、系统化的教学改革，其主要目的是促进教师自身素质的提高，进一步优化音乐教学的手段和方法。

在中小学音乐教研过程中，教师之间可以相互借鉴、交流一些教学课程的设计和教学方式，自然也可以共同分享音乐教学的经验。还可以交流教学方法和教学资源，增加教学道德和职业道德的意识，并加深自身专业知识的积累和探索。通过教研，教师们可以了解学生的实际情况，明确教学目标和方向，不断改进音乐课的教学方法和手段，达到更好的教学效果，以此提高音乐教学的实效性和质量。

同时，在教研的过程中，还可以进行音乐教学素材的研究，可以发掘更多不同类型丰富的教材，并进行录制、制作和试用，不断调整、改进教学内容，以此来丰富教学方法和形式。可以说，中小学音乐教研对音乐教师的工作起着积极的推动作用。教师们可以通过这种教研相互促进，不断创新教学方式，提高音乐课堂的质量，使学生在学习音乐的过程中能够更好地提升自己的音乐素养。

另外，中小学音乐教研活动在促进学科协作和教学研究上也发挥着重要的作用。教师们在教研活动中相互协作，形成一种合作精神和教学团队，为学科教学研究提供了有效的平台和方法。通过开展教研活动，教师们可以共同研究一些前沿话题，进行相应实验研究，形成有益的教学观点，进一步推进中小学音乐教育的发展和进步。可见，中小学音乐教研对于音乐教育工作的深入开展以及促进音乐教育的发展起着至关重要的作用。我认为，在实际工作中，要根据不同角色和岗位对教研思考的角度、内容有所区分和侧重。

第一节　不同角色对教研思考的侧重点

一、教育行政管理者

教育行政管理者是负责学校或区域教育行政管理、监督、指导、规划及执行教育政策的人员。他们的职责和工作十分重要，直接影响到教育的质量和未来方向。因此，教育行政管理者应具备优秀的领导力、管理技能、沟通能力和分析能力，并积极思考自己作为教育行政管理者是否具备这些能力，以确保教育体系的顺利运作和发展。

（一）教研领导能力

虽然，大部分教育行政管理者不是音乐专业出身，但在教研工作中，要能够以正确、有效的方式激发和引导教师参与教学研究和改进的能力，这也是最能体现作为管理者的首要能力，是教研领导水平的体现。第一，教育行政管理者应该思考自己对教研工作是否充满热情，能否做到积极鼓励和支持教师参与教研活动。能否让老师们感受到作为懂教育的行政管理者对教学研究的重视，并以自己的行动和言辞来激发教师的学习动力。第二，教育行政管理者应该为教研工作制定明确的目标和方向，思考自己是否了解教育热点和前沿趋势，在各学科研究上有自己的见解和思考，并在教学研究过程中给予教师们指导和行政力度上的支持。第三，教育行政管理者应该思考自己能不能营造一个良好的教研团队合作氛围，鼓励教师之间分享经验和资源，形成学习共同体，并在教研活动中起到组织协调作用，促进教师间的合作，让大家能够在协作中不断提高。第四，教育行政管理者还应该思考自身是否有创新精神，能不能做到以寻求新的教学方法和实践经验，为教师提供多元化的学习资源和支持。在教研活动中，能充分利用现代科技手段，站在更高的层面来领导教研视野和创新教学研究方式。第五，教育行政管理者应该思考如何去创造一个和美上进、创新发展的工作环境，给教师们提供最好的学习和发展机会。营造一个宽松、民主的氛围，尊重教师的意见和需求，支持和鼓励教师在教学研究和改进上不断尝试和探索。

（二）教研管理能力

教育行政管理者的教研管理能力是指其在教研工作中，能够有效地协调、组织和管理教研活动的能力，以确保教研工作顺利、有效地开展。这一点与教研员的岗位职能有点雷同，二者要相互支持和配合，以形成更有利的机制，但二者在具体教研工作中所发挥的作用和价值有所不同。教育行政管理者的教研管理能力具体表现在教研规划、教研组织、教研监督、教研评价、教研支持等方面，这也是作为教育行政管理者要侧重思考的几个方向。第一，思考自己有没有较为深入的教育发展认识，对当前教育热点问题和发展趋势进行分析，以制订出更好的教研规划和安排。第二，结合学校的办学目标和发展需要，思考教研工作的总体目标和阶段性目标。同时，目标要具体、可量化、可达成。第三，与学科教研员加强沟通，将教研工作分阶段、分类别地进行细致规划，包括制定学科教研任务和学期教研任务等。第四，针对教研任务和学校日常工作的安排，合理安排教研时间，协调各类会议、课程建议等事项，保证教研任务的完成。第五，根据教研规划和安排，合理配置各类教学资源，包括时间、空间、财务等资源，以支持教研活动开展。

（三）教研沟通能力

在教研工作中，教育行政管理者沟通能力很重要。这表现在能否与教师、教研组、学校其他部门及相关外部单位进行多方面的有效沟通和交流。可以说，良好的沟通可以让教育行政管理者与教师、教研组、学校其他部门及相关外部单位之间建立起互信、互助、互相支持的关系，以推动教研活动的全面、有效开展。第一，教育行政管理者应该具备清晰、准确、简明的表达能力，在教研活动中能够清晰地表达教研目的、计划和任务，让相关人员理解和掌握情况，形成一致的教研目标。第二，应该放下领导者架子，具备倾听和理解他人学科专业观点的能力，建立起与教师、教研组、学校其他部门及相关外部单位等的积极互动关系，以促进有效的沟通和交流。第三，应积极发挥自身行政职能，有协调和领导团队的能力，包括帮助教研组采用合适的小组合作机制、协调各成员之间的合作关系，促进信息的沟通和流通。第四，在教研活动中要积极解决问题，及时回应教师关注的问题和看法，以避免教研工作的延误，真正呈现出作为教育行政管理者应有的姿态，为学校、为教师、为学生解决实际问题。第五，科学运用各种沟通渠道，根据不同的需求和不同的人选择合适的沟通方式，适应不同的环境变化。这点虽不起眼，但在实践工作中，如果能注意到，会让对方感觉到你作为一名教育管理者很温暖，很有管理艺术。

（四）教研分析能力

作为教育行政管理者，能够对团队教研成果进行科学、准确的分析和评价，包括对教师实际教学问题的发现、分析、解决，以及对教学效果明显的教学案例、教学模式等进行总结和推广，是自身教研分析能力的体现。但这种分析能力不能凭借自身的经验和个人意识，自身要有教育教学理论的素养，掌握数据分析及科研方法，做到感性认识与理性分析的平衡，要有批判和欣赏的眼光，熟练掌握教学实践。总而言之，教育行政管理者应当兼有理性和感性、批判性和理论性等多重能力，以科学有效地分析，用实践与数据结论推动教研工作的顺利进行。

二、音乐教研员

音乐教研员是指在音乐教育领域专门从事教学研究和教学创新的专家或学者。他们通常具备丰富的音乐教学经验和深厚的音乐理论功底，能够根据教学需要和学生特点，灵活运用教学方法，设计和实施高质量的课程教学，同时能够开展深入的教学研究和教学评估，以不断提高教学质量和效果，提升学生的音乐素养。他们还需要持续关注音乐教育领域的热点及新技术、教学方法的创新和发展趋势，积极参与教育教学改革和发展，促进音乐教育的进步和发展。作为音乐教研员，在日常组织开展中小学音乐教研活动时，可以侧重从以下几个方面进行系统思考。

（一）课程设计

教研员要有课程意识，在日常教研活动中应该对中小学音乐课程进行系统的设计和思考。第一，要思考如何把握课程设计的目标，从课程目标的角度考虑，即注重对学生音乐素养的培养和提高，让学生学会欣赏和创造音乐，全面提高其音乐表现力和综合素养等方面的能力。第二，要思考如何注重课程内涵的设计，包括音乐素材、音乐形式、音乐风格、教材及教学方法等因素的选择，要注重课程内涵的设计，灵活地运用各种音乐语言元素，体现学生音乐教育的质量和深度。第三，要思考如何充分考虑学生的情感特点，学生在音乐学习中贴近生活的感性经验是重要的资源，注重培养和引领学生音乐情感，通过情感的沟通，让学生对音乐有更深刻、更真实和更直接的体验和理解。第四，要思考如何做到设计与实际教学相结合，设计中小学音乐课程不光要看重理论，更要在实践中不断地调整，更好地贴近学生和教学现实，不断优化教学效果，让学生获得更好的音乐体验和素养提升。第五，要思考如何关注教材的使用，教师们在进行中小学音乐课程设计时，要对教材的使用细节有足够的关注，特别是编写出来的学生乐谱是否合适、教材内容是否丰富、事例是否实用等问题，为教学提供坚实的知识基础和实用的教学素材。

（二）教学方法

教研员要有熟练的教学方法，应该对中小学音乐教学方法进行多元化思考，以满足中小学音乐教育的需要。第一，思考教师的教学方法是否有针对性。我们鼓励教师必须针对学生的年龄、知识水平、兴趣爱好和心理特点等因素来选择合适的教学方法，让学生能够更积极地参与到音乐学习中来，提高学生学习音乐的热情和兴趣。第二，思考教师是否将多元化教学方法进行整合运用。教师们在进行音乐教学时，应该灵活运用多种教学方法，例如互动教学、情感教学、创意教学等多种方法，让学生有更多角度的、更全面的、更丰富的音乐体验，在音乐学习中获得更多收获和乐趣。第三，思考教师是否注重音乐的基础教育，即让学生掌握基本的音乐技能和知识，并让学生从小开始培养对音乐的兴趣和热爱，全面提升学生的音乐素养和能力。第四，思考教师是否注重音乐教育的实践性。学生在实践中学习的效果更好，教师们必须让学生多开展音乐实践活动，例如唱歌、演奏、创作等活动，让学生在实践中学习音乐，感受音乐的美和魅力，并在实践过程中逐渐提升其音乐技能和知识。第五，思考教师是否关注学生个体差异。教师们在进行音乐教学时，应该关注和辅导学生的个体差异，即让不同的学生在音乐学习中有不同的发展路径和进展速度，教师的任务就是适应个体的差异，发挥个体的特长，从而实现个体化教育。

（三）教学诊断

教研员在指导教师教研活动或评课时，应该对自己的教学诊断能力进行思考，并具备和完善自身的察觉力和指导力。第一，思考自己对学生是否了解。教研员必须了解学生的年龄、知识水平、兴趣爱好和心理特点等方面的信息。只有全面了解学生的情况，才能在教学中打破教与学的陈规，更准确地把握学生的认知和理解能力，进而更加精准地进行教学预判和效果评估。第二，思考自己对教学内容是否有深入解读。教研员必须精通所教授的音乐专业知识，具备音乐专业基础和教育学、心理学等方面的知识。只有深入了解所教授内容，才能更好地把握确切的教学诊断方法，分析学生的问题类型，为学生量身定制诊断方案。第三，思考自己能否对诊断结果进行科学分析。教学研究员在进行诊断时，必须对诊断结果进行科学分析和系统总结。要深入思考所发现的问题原因，并制定详细的诊断报告，为提升教学水平和提高教学质量提供科学依据。第四，思考自身有没有注重反思和实践。教研员不仅要有个好的理论素养，还要在实际教学活动中勇于探索、勇敢尝试，注重对教学方法的不断反思和创新，这样才能不断提高自身的教学诊断水平，更好地为教师、学生提供高质量的教育服务。

（四）教学评估

教学评估的目的是监测、衡量、提高教学质量和学生学习成果。当前，全国和个别省市都已开展学科监测和相关研究工作，教研员作为学科引领者，对学科教学评估的研究应该是教研员开展教研工作的重要内容。但在实际教研工作中，要精准把握教学评估的关注点。第一，思考教学评估是否有目标和标准。音乐教研员应首先明确每一次评估的目标和标准，根据学生的年龄、学习程度、学习目标等因素，选择合适的教学评估目标和标准，为教学提供科学依据。第二，思考是否采用了多种评估方法。音乐教育的本质是培养学生的音乐素养，在评估时需要综合考虑学生的音乐技能、音乐知识、音乐理解和表现等方面。因此，音乐教研员应选择多种评估方法，在细致评估每一位学生的音乐素养和成长过程的同时，也避免了过于单一或武断的评估方式给教学带来负面影响。第三，思考是否注重了评估数据在课堂教学中的应用和反馈。课堂教学是音乐教学评估的重要环节，教研员应该时刻关注学生的学习状态和反馈信息，并根据学生反应及时调整课程设计和教学策略，使得教学效果更加出色。（注：此处可能存在一些悖论，因为教研员系统评估成果所设计的调控方法不仅受限于课堂教学的实时反馈，更多是针对一些总体教学效果进行系统分析，发现问题原因并制定预防措施。因此大多数的教学评估都属于"总体评估"阶段）第四，思考教学评估是否与教学诊断相结合。教研员从一个教学提升职业者的角色出发，他不仅要善于发现学生学习中的问题和难点，还要对教学过程进行科学的诊断，分析学生的不足，以便更加有效地制定有针对性的教学措施。特别是对于音乐学科来说，更应该加强对学生的个性特征的分析和教学诊断，因为每个学生的音乐天赋不同，接受同样的教学和评价方式，效果必然会有所偏差。第五，思考自己是否有及时总结，持续改进。教学评估不仅是对学生学习过程的反馈和评价，更是对教学效果的检验和自我提升。因此，在每次评估的过程中，教研员应该及时总结教学经验，发现不足和问题，制订改进方案，不断提高教学质量和效果。

（五）合作交流

合作交流是通过团队协作、知识交流和协同工作，提高工作效率和质量，实现共同目标和任务。通过合作交流，教育教学理念与实践能够不断地进行更新与改进，不断提高学校教育教学质量，实现学生全面发展和成长。教研员作为学科"总教头"，要积极思考是独行还是众行，如何发挥自身影响力和教育魅力，带活自己所在区域的学科发展。第一，要思考如何加强团队协作能力。音乐教研员应该注重团队协作的能力，积极参与教研交流，并与其他成员相互协作，形成有互补性的教研团队。在交流中要注重互相尊重，平等交流，充分发挥每位教研员的优势，形成良好的协作氛围。第二，思考如何加强教研知识的学习与分享。在教研合作交流中，可以通过阅读各类教育论文、专业书籍，参加教研讲座和研讨会等方式，积累教研经验和知识。同时，还可以将自己的教研成果和心得与其他成员分享，共同学习和提高，发挥自身学识影响力和感召力。第三，思考教研成果如何进行实践运用。在教研交流中，教研团队必须注重将教研成果运用到教育实践中。教研成果必须具有实用性和可操作性，在教学实践中得到验证和应用。只有这样，才能真正提高教育教学质量，有效推动学生素质的提高。第四，思考如何加强教研成果的推广与应用。在教研合作交流中，可以通过宣传、分享、推荐等方式，将教研成果向更广泛的教育领域推广，以取得更大的成就和效益。教研员对中小学音乐教研合作交流的思考可以增强教师之间的交流与合作意识，并共同研究出更优质的教学方法和模式，以推动中小学音乐教育事业的发展。

（六）实践探索

在中小学音乐教育课程教学改革中，教研员应该不断探索出新的教学模式和方法。在探索实践过程中，教研员还要不断积累教学经验，加强教研工作，为推动中小学音乐教育的发展做出更多的贡献。第一，要思考和探索适合本地实际情况的教学模式。音乐教学是一门艺术，教学方式应该灵活多样，教研员应该结合本地的实际情况，研究相应的教学模式，探索出适合本地的教学方法和策略。注重对学生的个性差异和在音乐方面的兴趣爱好，在多样化的教学中呈现出音乐教学魅力的真谛。第二，要思考如何加强技术手段的应用。音乐教研员应该通过加强对技术手段的学习和实践，注重应用信息技术、多媒体等先进教学工具，通过数字化教育资源的整合和应用，创新教学方式，提高音乐教学质量。第三，要思考如何鼓励和培养教师的创新思维和实践。音乐教研员应该积极发掘音乐教学新方法，探讨音乐教学现状，创新教学模式，打造具有特色的音乐教育品牌，提高学生成绩和评价水平。第四，思考如何通过内外交流来拓宽教研团队思路。教研要以团队形式开展上、下，内、外的交流和联动，给教师搭建各类平台，鼓励教师们参加各种音乐教育研讨会、学术论坛和比赛活动，拓宽教研团队的思路和接触面，在广泛接触获得多面效益的前提下高效积极地推进教育教学创新。

总之，教研员应该具备全面思考、切实可行的思考习惯，为中小学音乐教育注入更多创新和活力。

三、音乐教师

音乐教师是专门从事音乐教育教学工作的教师，主要负责传授音乐知识、技能和文化，帮助学生提高音乐素养，丰富学生音乐经验和文化素养。在教育教学活动中，音乐教师如果只是教学输出，没有教研输入，教师的专业素养、教学能力水平、个人专业发展都会受到很大的限制。因此，教研就可以成为音乐教师汲取学科营养、增长学科见识的有效途径之一。它可以提高教师自身专业素养，促进教育教学改革，提升学科教学效果，增强教学互动与合作，提高教研成果的传播与普及。

（一）思考如何培养自身教研意识

意识决定行为，可以说教研意识决定了教师参与教研活动的态度和作为，良好的教研意识是作为音乐教师参与教研活动的首要条件。而想要培养自身的教研意识需要从多个角度入手，学习音乐教育教学的理论和实践，关注学科发展趋势和教学实际需求，重视日常教学反思，积极参与各类音乐教研活动。只有不断提高自己的教研意识，才能更好地推进学科的发展和自身教育教学行为的改善。第一，主动学习音乐教研理论知识。了解音乐教研的理论知识，学习研究设计、数据统计、研究报告等基本知识，对于指导实践有很大的帮助。第二，了解当下音乐教育发展趋势。了解当下音乐教育的新理念，对参与音乐教研起到很好的启发和引导作用。第三，注重日常教学观察和反思。对日常的教学进行观察和反思能够发现教学中存在的问题，分析原因，寻求解决方案，并进行实践应用。第四，主动与其他音乐教师进行深入交流。定期与其他音乐教师进行交流和协同，分享教育教学心得经验，互相探讨教研方法和策略。第五，利用教育技术手段提高教研效率。借助当前广泛使用的网络或软件，建立音乐教研平台，进行线上交流互动，以提高教研效率和质量。第六，积极参与包括学术会议、教学研讨会、工作坊和培训班等各类音乐教研活动，不断提升自己的教育教学能力和自身的教研意识。

（二）思考如何选择合适的教研主题

音乐教师选择教研主题时应遵循实用性、针对性及规范性原则，根据实际需要、个人兴趣和研究背景等因素选定适合自己的教研主题，力求把研究成果转化为实际的教育教学改进行动。首先，要关注当下音乐教育的热点话题。教师可以通过阅读音乐教育相关学术期刊、网站，或关注教育科研机构、政府出版物等，了解当下音乐教育的热点话题，如人工智能与音乐教育、跨文化音乐教育、深度教学等。其次，基于教学实际问题选择教研主题。教学问题源于教学一线，这给教师提供了可挖掘和可研究的切入点，音乐教师具备敏锐的察觉力后可以在教育教学中选择合适的教研主题，并将此作为今后深入研究的主题展开持续性研究。再次，寻找与自身教学实践相结合的主题。教师可以根据自己的专业调查和教学特点，谨慎选择能够与自身教学实践相结合的教研主题，如教育教学策略、教学方法、教学设计、大单元教学、教学评一致性等。最后，结合学生的需求和兴趣选择教研主题。教师可以通过调查学生的兴趣，听取学生反馈意见，结合学科发展以及学生的能力需求，借助多样化的教育资源入手，准确把握学生的能力和特点，从学生的角度出发来选择合适的教研主题，以促进个体综合能力的发展和提高教学效果。同时，与教育理念和课标要求相契合，与时俱进，及时调整结合新的教育需求的教研主题，以更好地推进音乐教育的发展。

（三）思考如何制订教研计划和研究思路

制订教研计划和研究思路是音乐教师开展教研活动的必要步骤。音乐教师在制订教研计划和研究思路时，需要明确自己的研究目标，确定研究对象和范围，选择合适的研究方法，分析数据和测试效果，总结教研成果并反思，以不断提高教育教学的质量和水平。第一，明确研究目标。音乐教师在开展教研活动之前，需要明确自己的研究目标，包括解决何种问题、提高何种能力和素养、达到何种预期的教育教学成效等。第二，确定研究对象和范围。教师可以在教学实践中寻找重点或难点问题，以学生学习兴趣点、学习方法、学习策略、学习路径为研究对象展开自己本学段的教学研究，其研究成果可以直接回归到教学实践中，以提升学科教学水平。第三，制订教研计划。音乐教师需要根据学校具体工作，依据教学研究目标和对象，制订详细的教研计划，包括主题、方法、实施步骤和进度安排等，形成教研工作记录。这里要特别说明的是，如果认为教研计划的制订是为了迎接检查，那就失去了教研计划的意义，走过场，重应付。只有真正用心、用脑去思考本学科教研计划才能发挥教研对教育教学的真正作用。但比较惋惜的是，很多音乐教师还没有认识到这一点。第四，教研要选择适当的研究方法。教帅作为教研组织者或参与者，不能只会做，还要有法。好的方法可以让教研活动取得事半功倍的效果，教师需要选择合适的研究方法，如实调查、问卷调查、分组实验等，保证教研方法具有可操作性、可靠性和有效性，能真正服务教育教学研究。第五，教研需要有研究的思维，即能分析数据和测试效果，向结果要答案，以便更好地得到教研成果和了解教研成效。第六，学会总结教研成果并反思。教师需要总结教研成果，对教育教学效果进行评估和分析，并进行反思，汲取教育教学改进的经验，为将来的教学工作提供借鉴。以上六个建议形成一个思维和方法的闭环，为音乐教师如何制订教研计划和开展学科教研提供有效意见。

（四）思考如何做才能有效保障教研质量

音乐教研质量的高低关系到实际教育效果的好坏，因此音乐教师需要保证教研质量可以尝试从以下五个方面进行思考。第一，注重自我专业素养的提升，音乐教师在教研过程中要有一定的专业素养和教学经验。因此，他们应该不断学习和研究有关音乐教学的新思路、新方法，增强自己的教学理念和能力。例如，可以阅读有关音乐教育的专业报纸、杂志，了解音乐教育的最新发展趋势，参加专业培训和研讨会等活动，提高自己的专业知识和能力，为教研质量的提升打下基础。第二，制订详细的教学计划和教学评估标准是保障教研质量的重要依据。在制订教学计划时，教师要根据教学目标和教学重点明确教学内容，确定教学方法和教学辅助资料，制定具体的课程表和作业安排。同时，在教学评估时，需要根据学生的学习情况、表现和成绩，及时调整教学策略，确保教研质量的连续性和稳定性。第三，定期组织或参与教研活动。教研活动是促进教研质量提升的有效途径，音乐教师可以在教研活动时和同行教师进行交流和分享，汲取他们的经验和教育思想，拓宽自己的视野，不断提高自己的教学水平。教研活动可以包括开展教学案例研究、教研讨论会、评课活动、教研课程设计等，以加强教师的交流和合作，提高教研质量和教学水平。第四，积极探索教学新领域。音乐教学是一个多元化的领域，教师应该积极探索教学新领域，挖掘音乐教育的多种可能性。例如，可以引入多元文化元素，涉及不同音乐类型和音乐文化背景，拓展学生的音乐视野，让他们更好地理解和欣赏不同种类的音乐。此外，教师还可以探索音乐教育与其他学科的融合，如与语文、文化、历史等学科相结合，让学生在不同层面上进行实践与探索。第五，充分关注学生的个性发展。注重培养学生的音乐综合素养和审美情趣，并传授音乐文化知识，使他们在音乐方面得到全方位的成长。教师可以通过启发式学习、情感式教育和交互式教学等方式，让学生在音乐教育中享受快乐和幸福，培养学生的自信心和个性特长，在音乐教育中创造个性化和多样化的发展环境，最终实现音乐教研质量的有效保障。

总之，音乐教师只有做到教学目标清晰、教学方法灵活、教学机制完善、自我提升和全面发展等方面，才能有效保障教研质量。

（五）思考如何实现教研成果的转化

音乐教师要注重实际应用，把教研成果落地到教学中，结合不同层级及需求差异，以多重的方式实现教研成果的应用和总转化，从而让教育学术、教育技术等获得更大的发展。第一，亲身践行教学改革。教研成果转化的落地需要通过教学改革，将研究成果与课程、教材、教学方法、教学技能等有效结合，推动新教育理念的实施，提高教学质量。音乐教师可以以自身特长和教学需求为出发点，结合学生的实际需求和现代教育的变革，在教育定位、选择教材、组织教学、评价效果等方面进行探索，将教研成果应用于实际教学中。第二，尝试开发教学资源平台。教研成果转化需要有良好的教学资源平台来支持，这个平台可以是智能化的教学系统，也可以是生动的教学课件、教学视频等。音乐教师可以利用新媒体的优势，利用微信公众号、自媒体等建设以教学为核心的平台。这些平台不仅可以用于传统教育教学，还可以用于引导学生进行学习自主性的理解，培养创新意识，并增加与学生之间的互动和交流。第三，借助专业素养培训进行推广。专业素养培训可以向更广泛的受众介绍教研成果，这有助于让更多的教师从中受益。音乐教师可以组织举办各种形式的专业素养培训活动，邀请教研成果的专家和同行进行分享和教学实践经验的交流。以此提高教师的教育水平和素质，使教研成果更好地得到推广和应用。第四，要有知识产权的保护和转化意识。教研成果都是学术成果和知识财产，需要保护和转化。音乐教师可以通过向教学科研部门、期刊编辑部等机构和部门投稿发表学术论文，或向政府部门申请科研项目，将成果变成实际的知识产出，并获得一定的经济回报。如果产出的成果具有可转化性或适用性，可以考虑转化为教育产品，进行创新创造，或者进行产业化发展。第五，发挥自身社会影响力。教育研究对于整个教育事业的发展影响深远，音乐教师有责任发挥社会影响力。有机会的话可以参与相关学术研究和讨论，发表音乐教育相关领域的文章，参与一些课程标准的编写或改进，为音乐教育的发展做出贡献。同时，还可以参与教育改革，积极推动教育教学变革的实施，落实新的课程、教育理念和教学方法，促进音乐教育事业的发展。

第二节　音乐教研活动几种类型

音乐教研是指音乐教育界的教师、教育工作者、音乐专业人员和学生等进行教育教学、科学研究和实践的过程。它是目前推动音乐教育改革、提高音乐教学质量、培养音乐人才的重要途径之一。

音乐教研的内容非常广泛，主要包括音乐课程、音乐教学的方法与策略、音乐教学评估、音乐教育技术、音乐心理学等。而音乐教研可以采用实验研究、教师行动研究、实践探究、案例分析等方法进行，使用各种数据收集方法，如问卷调查、访谈、课堂观察、评估测试等。

音乐教研的目的是解决音乐教育的问题，并推动音乐教育的发展和进步。通过音乐教研，可以发掘和积累音乐教学资源，优化音乐教学资源结构，积极发掘学生的能力和潜能，为学校的综合素质教育提供必要的支撑。

音乐教研的过程具有条理性和创新性，它以科学的思维方法和科学的研究方式，探寻音乐学科教学问题的关键，不断进行探索和实践的创新，并将创新的成果带到音乐教学中去，使学生在音乐教育中获得更好的发展。

在音乐教研中，教育研究人员应该充分利用现代科技手段，加强与其他领域的合作，不断创新教育思想和教育方法，将科研成果快速转化为实践成果，从而提高学生的学习效果和音乐水平，促进音乐教育的全面发展。

音乐教研活动的分类方式众多，每种分类方式都会将不同的研究领域和问题提取出来，有助于更好地针对不同方面的音乐教学问题展开教育研究。按照时间、空间、内容、形式、主题的不同划分方式可以有几种类型。

一、按时间划分

按时间划分是指音乐教研活动按照时间的长短、周期的长短分为常规教研、专题研讨和即时教研三种不同类型。

（一）音乐常规教研

音乐常规教研也称为音乐常态化教研。通常由学校或教育主管部门根据季节、学年或学期的安排周期性地组织活动。它是围绕音乐教育本身，通过教育机构的组织、协作、策划等多种形式，对教学方法、教学内容、教学手段、教学目的等方面进行研究与探讨，旨在提高教师的教学能力，提升音乐教育的质量。具体来讲，常规教研针对教学方法的研讨可以结合授课方式、实验方案等课堂教学方面的内容；教学内容的研讨可以紧扣大纲、教材的编写与使用等方面的内容，结合新课标进行教学大单元整体设计；教学手段的研讨内容可以围绕教学媒体的运用，针对不同学生的不同个性特点的分层教学等方面的设计；教学目的可以围绕如何培养学生对音乐的鉴赏能力、提高学生的演奏技巧、提升学生的音乐素养等多方面。

（二）音乐专题研讨

音乐专题研讨是音乐教育领域中一种常见的教研活动形式，它是针对某一特定领域的音乐教学内容或主题集中展开深入的研究和讨论。通常由学校、教育机构、音乐协会等组织发起，邀请相关从业者、专家学者和研究者参与。音乐专题研讨的目的是通过交流分享研究成果和教学心得，提高参与者的专业素养和教学水平。音乐专题研讨的主题可以涵盖各个层面的音乐教育内容，如音乐教学设计、音乐表演技巧、音乐活动策划等。音乐专题研讨形式多样，如学术报告、教学案例分享、教师互动研讨、试听演示等，这些形式让参与者可以在自己的角色定位中参与研讨，既可以作为讲座听众学习，也可以分享自己的研究成果和教学经验。总之，音乐专题研讨作为一种教研形式，促进了教师之间的沟通和交流，丰富了音乐教育的理论和实践内容，对于提高音乐教育教学水平和质量有着积极的作用。

（三）音乐即时教研

音乐即时教研是指在音乐教育中，教师能够在课堂上及时观察学生的表现、互动和反馈，并结合学生的学习情况进行及时调整和反馈。在音乐即时教研中，教师可以通过多种方式来实现，例如通过观察学生的演奏，了解他们的音乐素养、技巧和表现力，以及通过与学生的互动和反馈评估教学效果和制定下一步的教学步骤。音乐即时教研可以帮助教师更好地促进学生的音乐素养和技能的发展，并提升教学的效果。实践中，音乐即时教研的实现需要教师具备敏锐的感知力和对音乐教育的深入了解。教师需要熟知学生的学习状态、音乐兴趣和特点，以便在课堂上及时做出调整和反馈，加强音乐教育的针对性和实效性。

此外，教师可以采用多种实践方式，例如，对学生的演奏及时给予评价，并针对学生的演奏技巧和表现提出具体建议；在课堂上加强互动环节，引导学生发言，分享自己的观点以及与同学合作完成任务，以促进学生在音乐学习中的积极性和参与度；利用现代化的教育技术，如数字化音乐教育资源，结合互联网交流平台等，进行在线课程学习和沟通，实现更为快捷高效的音乐即时教研。这些措施可以提高音乐教育的效果，增强学生的学习动力和自信心，帮助他们在音乐教育中取得更好的成就和表现。

二、按空间划分

按照空间划分，音乐教研活动可以根据地域范围进行区分。主要可以分为四类。

（一）课内音乐教研

课内音乐教研是指教师在正常的课堂教学过程中进行的教研活动。在这种教研活动中，教师可以观察学生在课堂上的表现、互动和反馈，及时反馈和调整。通过教研可以不断改进和优化音乐教学，旨在提高学生的学习效果和成果，激发学生的学习兴趣和综合素质。同时也可以提高教师的专业水平，不断更新教学理念和方法，在提高教学质量的同时改进自己的教学策略和方法。

（二）校内音乐教研

校内音乐教研是指教师在学校内部进行的音乐教研活动。进行教研活动时，教师可以与同学科的同事进行交流、探讨音乐教育中的共性问题和研究课程内容、教学方法和评价标准等，旨在提高教师教学能力和水平，优化音乐教学课程，促进学生音乐素养全面发展。校内音乐教研可以采取多种形式，如课堂观摩、教学案例分享、讲座研讨、教学反思等，并可以通过典型问题的分析、共同教学设计和教学评价等方式，提高音乐教学实效。此外，校内音乐教研还可以向外界学者和教育专家请教，获得更多专业的教育建议和意见，进一步提高音乐教育的质量和效果。

（三）跨校音乐教研

跨校音乐教研是指多个学校之间共同开展音乐教学研究和交流的活动。跨校音乐教研可以打破单一学校的束缚，让不同学校的音乐教师以多样化的教学方法和经验互相交流和学习，从而提高音乐教师的专业水平和教学质量。跨校音乐教研可以通过跨校的教学示范、课程共享和教育资源共享等方式实现。同时，跨校音乐教研还有助于加深区域内不同学校音乐教学之间的联系与合作，促进全区域内的音乐教育水平不断提升。

（四）社区音乐教研

社区音乐教研是指在社区内对音乐教学进行研究、探究和交流的活动，是一种新生教研类型。社区音乐教研通常由志愿者、音乐教师和音乐爱好者组成，教师可以与家长和社区义工合作，探讨如何促进儿童和青少年的音乐素养和兴趣。研究内容包括音乐教学课程、教学方法、音乐素养培养等方面，旨在提高社区内的音乐教育水平以及各年龄组学员的音乐综合素质。但社区音乐教研具有灵活性和针对性，因为社区教学的对象是广泛的，不同的教育需求和音乐教学实践状况会推动社区音乐教研的发展。同时，社区音乐教研将社区元素与音乐教育活动相结合，将音乐教育融入社区文化建设，提高社区文化和艺术氛围，增强社区凝聚力，推广音乐文化和艺术素养，对社区内的音乐文化发展具有积极的作用。

三、按内容划分

音乐教研按内容划分的依据是针对不同的音乐教学实践需要，深入研究、探究和分析音乐教育中的各种问题，并提出相应的解决方案。因此，音乐教研的分类是根据在教育实践中对音乐教学所需研究内容的不同归类而来的。大致可以分为五类。

（一）教学内容研究

音乐是一门艺术，音乐教学的核心是让学生掌握音乐知识和技巧，提升学生的音乐素养。音乐教师可以对音乐教学内容设置进行深入研究，不断更新教学思路，摸索更好的教学方法。例如，通过对教学内容归纳、总结、分析，根据学生需要调整内容设置，以利于学生更好地理解知识点。还可以结合任务驱动的教学方法，将学生的实际学习需求作为任务指导教学内容设计，让学生在实践中掌握赏析、演奏、表演等不同方面的音乐技巧。在实际教研活动中可以尝试从以下几个方面入手。

1. 设立教学主题

设立教学主题可以让教学内容更加有针对性，进而确保教学内容的全面性、系统性和连续性。教学主题可基于“任务驱动”的教育模式进行设置。教师首先分析学生所需要的知识体系、技能、态度、价值观和生存技能等内容，在此基础上构建出较为明确的教学主题，使之为学生提供明确的学习目标和方向。

2. 研究教学内容

教学内容要按系统性、结构性和循序渐进的原则进行分类，可以根据年级、学科、听力技能、演奏技能和文学艺术等分类进行筛选和设计。分类可使教学内容的深度和广度具有一定的关联性和整体性，适应于学生不同程度的学习需要，可以根据所设定的主题进行教学内容的不断拓展和深化。

3. 研究教学设计

教学设计是针对教学内容进行的详细分析和策划，旨在优化教学方案、提高音乐教学效果。针对教学内容的设计应当以学生的学习需要为中心，并考虑教学环境、学生理解能力和学生的个性化学习需求等因素。设计时须确保教学内容具有针对性、科学性、实用性，设计合适的教学活动使课程有生命力，提高教学效果。

（二）教学方法研究

教学方法是教师实现教学目标必不可少的手段，不同的教学方法相互补充，可以在最大化地提升学生成效和降低挫折感之间取得平衡。因此，开展音乐教学方法研究显得尤为重要。教学方法研究可以涉及多方面的问题，例如，利用跨文化理念和现代化教学技术，增强学生的跨文化素养，同时提升学生的音乐理解能力。也可以关注教师的教学技能建设，如加强教师编制进度、教学设计的及时调整，以有效提高教师教学效果。好的教学方法能够带给学生更好的学习体验和更好的成果。因此，针对“教学方法”，开展集体教研时可以通过以下方式进行。

1. 制定教研课题

在确定教研课题时，可以结合学校、年级及班级的教学实际情况和学生的音乐教育需求，选择需要探讨和研究的教学方法，比如如何在初中音乐教学中有效运用多媒体教学的方法等。

2. 教师示范教学

集体教研的过程中，教师可以设计一个教学案例及其针对性的教学方法，然后进行示范教学。在示范教学的过程中，其他教师可以认真观察，记录课堂教学的主要环节、采用的教学方法和学生的学习情况等重要数据。

3. 教学效果评价

教学效果是检验教学方法是否有效的重要评价指标。在集体教研过程中，其他教师可以对示范教学的学生进行学习效果的评价和分析，同时也可以结合自己教学的实际情况来分享教学成果和心得。

4. 经验交流和总结

在集体教研活动结束后，可以开展教学经验交流和总结，分享各自的教学经验和教学心得，如分享有哪些教学方法比较适合学生等，以促进各教师在教学中的互帮互助。

5. 教学资源分享

因为教学教材和资源的不同，导致在教学方法的应用上存在一些难点，所以在集体教研的过程中，寻找和分享各自使用的教学资源，如教材、课件、教学视频、教案等，能够进一步提高音乐教学效率和质量，更好地推动教学创新。

（三）教材研究

教材是音乐教育的重要组成部分，是教学内容的载体。因此，教材研究应该作为教研活动的重要内容。教师可以对教材进行评估和筛选，以了解和利用各种教材的特点和优势，使音乐教学更加贴近学生，让学生更好地体验音乐教育。在研究中，可以连接其他自然和社会科学知识领域，并让学生在教学环境中建立联系。在音乐教研活动中，针对音乐教材开展集体教研可以通过以下方式。

1. 确定教材研究方向

在集体教研活动中，教师首先需要确定教材研究方向，即确定要研究的音乐教材及其教学内容。教材研究方向可以依据年级、教学内容等多种维度划分。

2. 教学内容分析

在对音乐教材展开分析时，教师可以采用笔记、PPT或介绍教材等形式，对音乐教材中的重要内容进行解读，以便于教师能够深入理解音乐教材，评估教学场景和确立教学目标。

3. 研究教学思路和方法

教师在研究音乐教材的过程中，需要注重研究相应的教学思路和方法，这样有利于教师更加深入和科学地理解音乐教材，更好地提高教学质量，对于类似讲解、读谱和唱歌之类的教学方法，教师可以结合音乐教材的特点进行教学设计，使之更加贴近学生的需求，增强音乐学科教学吸引力。

4. 教学设计

在研究音乐教材的过程中，教师需要将研究到的内容转化为教学实践，即制订教学计划，为更好地贯彻音乐教材中所包含又实用的内容提供帮助。同时，为了充分利用音乐教材中的资源和特点，教师还可以根据音乐教材的特点和整体教学目标，设计一些有创意和启发性的教学，以促进学生的学习兴趣和积极性。

5. 教学效果评估

在经过一段时间的教学过程后，教师应当对音乐教材的教学效果进行评估和分析，不断总结经验及教学方法，确定有效教学数据和教学方式等。同时，教师还可以将教学经验和教学方法分享到教研平台，以促进音乐教育课程的互相学习和创新。

（四）教学评价研究

教学评价是指对音乐教学过程和结果进行评价的过程，也是提高教育质量的重要手段。因此，开展音乐教学评价研究显得十分必要。教学评价研究可以帮助教师建立科学的评价方法和评价标准，能直接反映出学生的学习效果，制定一套快速和科学的评价系统。教学评价也可以着重于建立完善的学情、教情、测试和访谈等考察材料，以科学的态度查找问题。音乐教研活动中针对教学评价展开集体教研，可采用以下方法。

1. 明确教学评价标准

教学评价标准是评价教学效果的重要依据，确立评价的目标，是进行教学评价的基础。在集体教研前，教师们应确定教学评价标准，并且要将标准共享给教研小组的其他成员，以便达成共识，方便进行后续的具体工作。

2. 开展教学数据收集

教师们可以记录每一节课堂的教学数据，如学生掌握程度、学生反馈意见、学生作品，以及教师自己的感受等。经过一段时间的教学过程，可以对教学数据进行统计分析，以便评价教学的效果。

3. 教学案例分析

针对不同的教学案例、不同的年级和不同的学科内容，教师可以进行教学案例分析，探究具体的教学实践情况和教学方法，具体分析教学效果和学生的学情。这种方法可以有效避免过于抽象和理论的教学评价方法，而将教学评价与具体的教学实践直接联系起来。

4. 反思和总结

教学评价的目的不仅仅在于清楚认识教学效果，更重要的是要促进教师对自身教学的反思和总结，借此不断提升自己的教学水平。教师应该分享自己的教学经验与教学心得，并且向其他老师了解他们的教学体验以及建议。

5. 教改实验和教学模式创新

在集体教研中，教师们还可以进行教改实验和教学模式创新，即通过新的教学方法来进行探究，从而推进音乐教育的创新和进步。同时，教师还可以在教学实践中探究评价的方法和手段，以便更加准确地统计考核教学效果。

（五）艺术与生活融合的研究

艺术教育是指通过教学和艺术活动，培养学生的艺术修养、开拓学生的艺术眼界，帮助学生全面、系统地理解艺术的各个方面，进而实现“艺术与生活的融合”。在音乐教育中，开展艺术教育研究也是非常重要的，可借助现有艺美理论研究，营造丰富的教育环境。可以将课堂室内外的音乐元素植入课堂教学中，例如，通过音乐活动和音乐艺术展览，提高学生交际技能、文学艺术表达能力、合作意识和情感交流等。针对“艺术与生活融合”的研究，可以在音乐教研活动中引入以下几个方面进行研讨。

1. 音乐与文化

就音乐与文化的关系进行研讨，如何通过音乐表现不同文化背景下的情感和精神内涵，以及如何将文化元素融入音乐教育中，让学生更加深入地了解音乐的内涵。

2. 音乐与日常生活

探讨音乐与日常生活的关系，如何将音乐融入日常生活中，让人们在日常生活中感受到音乐的美好，并且如何将这种理念融入音乐教育中。

3. 音乐与科技

探讨现代科技对音乐教育的影响，如何利用现代科技手段提高音乐教育的质量和效率，让学生更快地掌握音乐技巧并更好地融入音乐教育中。

4. 音乐与社会

探讨音乐与社会的关系，如何通过音乐表达社会的情感和精神内涵，以及如何将这种理念融入音乐教育中，让学生更好地了解社会，更好地表达自己的情感和思想。

以上是一些可供讨论的方面，也可以根据具体的音乐教学内容和参与者的背景和需求，适当进行调整和完善，达到更好的效果。

四、按形式划分

音乐教研活动如果按教研形式分类，主要是依据想要达成的教研目标、开展的教研内容和使用的教研方法。第一，教研目标是教育教学研究中最基本也是最重要的因素，因此最基本的分类是根据教研所出发的问题和目标进行划分。按照目标来将教研划分的话，可以分为教育思想方面的教研、教育课程方面的教研、教育教学方法方面的教研，以及教育教学经验交流等类型。第二，音乐教研根据研究的内容来划分，可以分为教材研究、教学策略的研究、考核及测评的研究、学生行为研究、教学改革研究等。第三，教研方式也是划分教研类型的一个重要因素。常见的教研方式有个案研究、比较研究、毕业论文研究等。教师可以根据具体研究问题和研究目的进行选择。基于以上三个方面的分类考虑，音乐教研可以被划分为比较分析型、实验研究型、讲座讨论型、习作研究型、研究咨询型等不同形式，同时也可以采用多种形式综合使用。

（一）比较分析型

比较分析型是对教学案例进行比较研究，探究不同教学策略的优劣及其对学生的影响，深入挖掘教学中值得推广的经验和方法。此外，该形式还可以通过学生的反馈来确认教学方法是否有效，以调整和完善教学策略。对教学案例进行比较分析，可以按以下步骤进行。

1. 明确分析目标

首先，需要明确教学案例比较分析的目标是什么，例如分析教学效果和教学策略优缺点等。这可以有助于确保比较分析的方向和内容更加具体和实用。

2. 收集数据

接下来，针对需要比较分析的教学案例，收集相关的教学数据。教学数据包括教学大纲、教案、教学设计、学生作品和学生的反馈意见等。教师还要记录教学过程中学生的表现情况和自己的教学体验，以便进行更细致的分析。

3. 制定比较表和指标

当完成教学案例数据的收集后，根据目标和数据整理出教学案例的比较表格，并制定具体的比较指标。制定比较指标时，可以从教学效果、教学方法、教学内容、学生反馈等多个方面入手，以便进行全面且具体的比较。

4. 数据分析

在比较分析的过程中，教师可以对每种教学案例进行细致的数据分析，比较不同教学方案的实施效果和教学策略。通过分析，可以找到成功案例中的优点和妥协点，为集体教学改进提供积极意见。同时也要注意教师主观性的影响。

5. 总结和改进

在完成数据分析后，教师们应对分析结果进行总结，并结合集体教研的实际情况，提出教改建议和措施，进一步完善和改进后续教学情况。此外，还要注意将分析结果与具体实践情况结合，以确定下一步的教学措施和策略。总之，比较分析教学案例是优秀音乐教育的基础，需要教师们认真细致地进行。

（二）实验研究型

该形式通常是在实践中尝试新的教学方法或者教学策略，通过对比实验前后的实际效果，探究和比较各种教学方式的有效性和优点，寻找教育改进方案，并总结出切实可行的教学模式，更好地提高音乐教育的效果。对教学方法或教学策略进行研究可以采用以下步骤。

1. 明确研究目标

明确教学方法或教学策略研究的目标和问题，例如研究如何提高学生的学习兴趣、如何在教学中更好地传授知识和技能等，这将有助于制订研究方案和确定研究方向。

2. 收集教学材料

收集相关的学科教材、教学案例、学生作品，也可以通过文献检索、网络搜索等方式找到其他相关资源，以帮助教师更好地理清研究思路。

3. 制订研究方案

教师可以制订具体的研究方案，包括研究对象、实验设计和数据收集方法等方面。对于教学方法或教学策略的研究，可以采取单元教学设计、多种教学方法比较、实验研究等方法，以此检验研究假设的科学性和实用性。

4. 实施研究方案

根据制订好的研究方案，实施研究工作，在实践中运用各种教学方法和策略，收集和记录研究数据，进行对比分析。

5. 数据处理与分析

将收集的研究数据进行统计分析和数据可视化，如绘制散点图或雷达图等，以便分析教学方法或策略对学生学习的影响。

6. 总结研究结果

通过对研究数据的分析，教师可以得出一个基于科学、客观数据的结论，这个结论可以作为教学实践中的参考和指导。同时，教师还要根据研究结果结合教育教学实践，总结出为音乐教育教学改善做出的具体建议和措施。

总之，对教学方法或教学策略进行研究需要教师在教学实践中注重细节、收集和记录数据等步骤，以此来确保研究结果能够更具科学依据和实践指导性。同时，要在研究过程中切实关注学生的学习效果和反馈意见。

（三）讲座讨论型

讲座讨论是指在专家或领导指导下，针对音乐教育发展趋势，分享音乐教育理论和实践经验，交流教学策略和方法，引导教师加深对音乐教育的理解和认识，也可以在讲座之后开展讨论活动，与教师或其他领域专家交流和分享意见以增加交流的深度。通过开展讲座讨论，可以促进教师在音乐教学方面的交流和思考，进一步提高音乐教育的质量。以下是讲座讨论的开展步骤。

1. 确定讲座讨论的主题和目的

确定有关音乐教育的主题，结合举例分析教育现状，为参会教师提供智力支持和教学建议，共同探讨教育改革、教育实践、教育管理等话题。同时明确讲座讨论的目的和意义，以明确讨论内容和方向。

2. 邀请专家或有经验的教育者

在讲座讨论之前，需要邀请音乐教育领域的具有专业背景或者经验的专家或教育者来主持讲座。他们应具备丰富的音乐教育经验以及对音乐教学模式和教学方法的深入思考。在确定训练对象和讲者时，教师可以考虑语言能力、举例法能力、总结能力等方面的因素。

3. 确认参与人员名单和会议地点

教师应提前确定参与讲座讨论的名单，并约定好讨论地点和时间，以保证讲座讨论的顺利进行。

4. 讲座的开展

在讲座中，主持人可能会介绍音乐教育发展的最新情况，介绍教育策略相关措施，同时提供实例，通过学校实际教学案例引导与教师分享自己的音乐教学经验并进行反思、总结及探讨。专家和讲者也将分享自己的音乐教育研究，从教育实践和理论研究两个方面引导教师进行深入思考和讨论。

5. 总结讨论结果

在讲座结束后，主持人应对讨论的内容进行总结，并将讨论的结果及探讨的方向以总结报告的形式发表出版，以供日后继续研究、讨论和实践教育。另外，教师还可以将发现和建议与整个教学团队共同分享。

总之，通过讲座讨论，可以促进教师对音乐教育的理解和探讨，挖掘教学之美与创造，使教育实践更加科学化、规范化和有效化。讲座讨论应用更为广泛，创新更为灵活多样，是目前教师交流的一种重要形式。

（四）习作研究型

这种组织形式更多是学习高端教育学术智慧，通过对核心期刊文章的研读和教育教学科研课题申报书的解读进行习作尝试。这种教研形式可以促进音乐教师不断从学术文章和科研项目中吸取先进音乐教育理念，并促使教师的行为转化，以推进音乐教师自身研究思维的形成和写作能力的提升。就“教师论文、课题研读与写作”展开研讨时，可以考虑以下几个方面。

1. 论文写作技巧的分享

分享写作的几个技巧，如如何选题、如何构思、如何查阅资料、如何组织论文结构、如何撰写论文等。可以跟着一篇论文，分享其中的各个环节的技巧和注意事项。

2. 论文的评构和修改

网络平台查找核心期刊文章进行分享，并展开研读和分析，要求教师结合自身的理解进行思考和评述。结合自己的论文问题，进行交叉修改和完善，达到“学—练”相结合。

3. 学术资源的共享

通过教研活动进行资料共享等形式，分享最新公开文献、研究报告和教学案例等。借此了解做教育研究时的常用资源和高质量资源。

4. 课题申报和写作

重点探讨如何选题，从自己的课题开始，如何提炼课题研究的关键点，如何开展相关的文献研究和调研，如何达成研究结果和结论，以及如何组织撰写和提参课题报告。

5. 经验交流和互助

借助网上或面对面交流的平台，分享自己的研究经验和教学所需，借此互相促进，达成更好的团队协作和共同发展。

因为教师论文和课题研读等需要大量时间和精力，所以建议组织参加人员进行提前学习和预备安排，可以提前收集大家需要解决的问题，在研讨活动中予以解决，可以更好地促进学术研究的发展和教育教学的提升。

（五）研究咨询型

该形式通常由教研机构或教育部门主办，以问题为导向，寻找可能的解决方案，以促进教育领域的改革和创新。通过专家论坛、学术交流或专业研究等活动，可以为音乐教师教研活动注入新的思维、理念和方法，同时提高教师的认知和知识水平，增强实际教学的质量和效果；有效提高音乐教师的教育教学能力和水平，拓展音乐教育的研究视野和方法，引领教育思想和实践的变革，推进教育理论研究、教育科学化等重点方向。具体建议如下。

1. 专家论坛

通过邀请国内外知名的音乐教育专家、教育学家、文化艺术研究专家等，来指导、解决教育教学中的问题和困惑。人才共享、学科融合、思想启示、汲取养分等是这种方式的优势。

2. 学术交流

通过参加学术研讨会、会议、讲座，结交同行，学习最新理论和实践经验，提高专业水平。这种方式可以开拓视野、增加思考深度，延长知识范围，促进更好的教育教学实践。

3. 专业研究

通过对自己的专业研究，不断提升自己的知识技能，如独立设计教学方案、运用教学方法，深入了解音乐艺术的精髓、探究音乐教育的规律等。同时，组织参加学术专业的研究和调查，提高专业素养和钻研精神。

与此同时，可以结合具体的教学实际问题，进行有针对性的研究和探讨。通过上述途径收集和交流各个领域的最新信息、经验和教学方法，将成果和思考运用到教学实践中，使教学质量更上一层楼。

五、按主题划分

音乐教研活动按主题划分的依据一般是教学实践需求和学科发展趋势。从音乐教学实践的需求出发，反映不同层次、环节的教育教学实际情况，准确把握音乐教学实践的现状。从学科发展趋势的角度，反映新的学术追求、思想方法和技术手段，揭示出教育教学实践的趋势和方向。下面是根据这两个主要的依据，对音乐教研活动按主题划分进行分类的几种方式。

（一）按教学层次和环节划分

针对不同学段的学生和各种音乐教学环境，如小学音乐、初中音乐、高中音乐等，把音乐教学分为不同的教学层次和环节，从而根据不同层次设计研究内容和重点。根据具体的教学层次和环节进行设计和开展可以从以下几个方面进行尝试。

1. 针对小学的音乐教育

针对小学阶段的音乐教研活动，可以从以下几个方面来开展。

（1）小学音乐课程设计

研究小学音乐课程设计的标准、原则和方法。探索教材内容与教学策略的融合，优化小学音乐教学内容和形式。

（2）小学音乐教学方法

研究小学音乐教学方法的优化和创新。通过实施音乐游戏教学、情境教学、多媒体教学等方式，提高学生的学习兴趣和主动性。

（3）唱歌教学与表演

研究小学唱歌教学与表演的策略和方法。包括儿童声乐教学、小学唱歌技巧、音高、节奏与器乐伴奏、合唱技巧等的研究。

（4）小学器乐教育

研究小学器乐教育的策略、方法和技巧。通过设计趣味性和挑战性强的教学活动，激发学生学习的兴趣和热情。

（5）小学音乐教育评价

研究小学音乐教育评价的标准、方法和工具。从教师、学生和家长视角出发，全面、客观地评价小学音乐教育的质量和效果，为后续教学提供改进意见。

在开展小学音乐教研活动的过程中，可以采取以下策略。

（1）组织音乐专家、教育科研机构的专家、一线音乐教师等组成研究小组，建立研究网络和小组讨论平台。

（2）建立紧密的教研团队，推动小学音乐教育教学各方面的交流和合作，营造良好的交流氛围。

（3）结合实际，积极开展课堂教学观摩、教学设计和实验、个案研究等活动，充分发挥教师主体作用。

（4）加强成果推广和交流，积极参与各种音乐教育交流活动，将研究成果推广到更广泛的教育教学实践中。

在任何时候，都应该秉承教育教学的原则，注重实践性、针对性、前瞻性和可操作性，并且将研究成果充分地转化为实际教学教研工作中的具体实践，促进小学音乐教育教学水平的提升。

2. 针对初中阶段的音乐教育

（1）音乐教育课程

研究解决初中学生音乐学习的实际需求，设计系统的课程结构，包括教材选用与配合、教学资源整合等。

（2）音乐教学法

针对初中学生的认知规律和学习兴趣从教学角度设计符合国家教育重心转变的音乐教学方法。例如，情境教学法、融合传统与现代教学模式的教学法、多元文化教学法等。

（3）活泼生动的教学环节

通过个性化的教学，包括音乐创造、儿童合唱、音乐剧、歌唱、舞蹈、器乐、音乐会等具有代表性的教学活动，增加音乐教学的趣味性和可操作性。

（4）音乐教学资源

探索整合音乐教学资源的途径与方式，以提高音乐教育的效益和可持续发展。包括通过网络、博物馆等多种形式的音乐教育资源。

（5）培训支持计划

组织专门针对初中音乐教育和教学的培训活动，以提高教师的专业水平和教学质量。培训活动包括教材研讨、教学方法交流、教学资源共享等。

在开展初中阶段音乐教研活动的过程中，可以采取以下策略。

（1）指导教师团队，建立网络平台，共同开发，上传、下载有关初中音乐教学的教育资料、案例分析和视频教材等。

（2）采取多种形式的研讨交流，如专题报告、讨论座谈、学术讲座、教育研究论文等，以促进教师之间的相互学习和分享。

（3）鼓励参与初中音乐教研的学者和教师，积极参与全国和地方的有关音乐教学研究、座谈会、会议等，扩大音乐教育的交流、合作和开发。

总之，应该尊重教学规律，注重实际需求，发挥教师团队的创新精神和专业素养，加强理论研究和实践操作密切结合，不断充实与完善初中阶段的音乐教育教学理论与实践。

3. 针对高中阶段的音乐教育

（1）音乐课程与教学设计

研究解决高中学生音乐学习的实际需求，注重培养学生的音乐素养和批判性思维，设计系统的课程结构，包括教材选用与配合、教学资源整合等。

（2）音乐教学法

针对高中学生的认知规律和学习需求，设计适宜的音乐教学策略和方法，如通过音乐创意实验教学、信息技术应用教学、课堂辩论等多种教学方法，促进学生思维的开放性和创造性。

（3）音乐教学资源整合

通过挖掘文化资源，融合文化传统和现代音乐理念，打破传统的局限，积极开发和整合音乐教学资源，包括音乐表演、器乐演奏、多媒体与网络资源、书信与博客等各种音乐资源。

（4）培训支持计划

组织专门针对高中音乐教育和教学的培训活动，以提高教师的专业水平和教学质量。培训活动包括教材研讨、教学方法交流、教学资源共享等。

在开展高中阶段音乐教研活动的过程中，可以采取以下策略。

（1）建立健全学科群体和教研团队，促进高中音乐教育教学中的交流与合作，形成学科团队的协作机制。

（2）加强教师知识培训和技能晋升，通过专业基础课程、讲座、演出、研讨会等各种形式开展教育培训，更新教师知识和教育技能，提高教学品质和教学能力。

（3）组织音乐教育研究、学术研讨、访问交流等各类学术活动，创新教学模式，推动音乐教学的发展与提高。

（4）倡导多样化的音乐教学模式，将音乐教育拓展到更广泛的领域，以提高其效益和社会影响。

针对高中阶段的音乐教研活动，应该尊重教学规律，注重实际需求和学生特点，发挥教师团队的创新精神和专业素养，加强理论研究和实践操作密切结合，不断完善高中阶段的音乐教育教学理论与实践，不断密切与社会艺术活动、文化传承等方面的接轨。

在具体开展音乐教研活动时，可以将研究问题集中在实际教学中出现的疑难问题，遵循解决实际问题、提高教育教学质量、促进教师专业发展的原则。研究方法和手段可以是多样性的，如教学实验、个案研究、问卷调查、深度访谈、文献分析、案例分享等。引进专家学者等外部资源，结合校内教师的实际需要，定期组织音乐教研活动，并通过不同的形式展开交流，促进学术研究成果得到更为广泛的传播和应用。总之，按教学层次和环节划分的音乐教研活动的开展，需要注重深度和广度的平衡，注重实际教学问题的解决，为提高教育教学质量做出积极贡献。

（二）按学科和管理方向划分

针对目前教育改革的思路和采取的措施，如学科改革，校本课程建设，素质教育等，从管理、教学指导、教材建设和评价等不同角度切入，设计音乐教研活动。按照学科和管理方向划分音乐教研活动，可以从以下几个方向开展。

1. 音乐教学课题研究

针对不同年龄、学段的音乐教学对象，开展相关的教研课题，涉及多种学科知识和技能，如针对初中、高中等不同年级和学段的音乐教学内容、教学方法等课题。围绕音乐教学课题来展开研讨，可以按照以下几个步骤。

（1）明确音乐教学课题

确定具体的研讨话题，可以是某个具体的教学方法、教材使用效果、学生反响等。

（2）确定研讨参与者

根据研讨话题，确定研讨参与者。研讨参与者包括音乐教师、音乐教研员、音乐教育学者等。

（3）收集相关信息

参与教研活动的教师可以先自行收集相关音乐教学课题方面的研究成果、案例、调查数据等。

（4）分析讨论

在教研会上，参与者可以进行开放性讨论，分享观点和经验，并分析和讨论收集到的相关信息。

（5）总结和建议

经过讨论和分析，整理出相关课题的总结，并对课题提出一些可行的建议，为音乐教学的不断改进提供参考。

为了顺利、有效地完成以上教研步骤，可以参考以下策略来实施。

（1）制定研讨议程

在教研活动前制定议程，确保议程详细、具体，包含需要讨论的话题和时间分配。议程可帮助参与者更好地准备研讨材料，并确保会议进展顺利。

（2）创设互动环节

在教研活动上适当设置问答、小组讨论、案例分享等互动环节，增加参与者之间的互动和交流。这有利于让参与者更深入地探讨课题，并汲取他人的经验。

（3）建立研讨小组

可以根据研讨话题划分小组，让小组成员就特定话题展开研讨，并在研讨会上分享讨论的结论和建议。这些小组讨论能更加细致和深入地探讨话题，从而提高研讨质量和实效。

（4）促进研究共享

在研讨会后，建议将讨论结果和成果记录下来，并分享给所有参与者。这可以帮助所有参与者更好地了解讨论结果和建议，从而促进共同进步。

（5）及时调整研讨进程

在研讨过程中，应密切注意参与者的反馈，及时调整研讨进程，协调研讨者之间的分歧。这有利于确保研究过程的连续性和高效性。

以上参考，在具体实施过程中根据情况可以适当调整。同时，还应注意教研过程中的沟通和协作，确保能够充分发挥各方的专业和学术背景，形成有效的研究成果和一定的教研成效。

2. 音乐教育学科研究

研究音乐教育学科的各个方面，包括音乐教育的发展、教学理论和体系建设、音乐心理学、音乐学理论等。针对音乐学科的发展、专业设置、教学内容和方法、考试与评估等各方面进行深入研究。

（1）针对中小学音乐学科的发展

了解并梳理中小学音乐学科的教学标准、课程体系、教学内容和教育目标，深入分析中小学音乐学科的发展状况及存在的问题，并探索解决问题的办法。

（2）针对中小学音乐学科的专业设置

了解中小学音乐学科的专业设置情况及其对学生的发展影响，以及如何结合学生兴趣和未来职业选择来进行音乐学科的专业设置。

（3）针对中小学音乐学科的教学内容和方法

从音乐教育的角度，从音乐素养的培养、音乐审美的提升、音乐技能的训练、音乐文化的传承等多方面来思考如何优化教学内容和制定合适的教学方法。

（4）针对中小学音乐学科的考试与评估

分析中小学音乐学科考试的现状及存在的问题，探究如何从考试方式、评价标准、考试内容和考试时间等多个方面进行优化，以确保考评结果能够客观、准确地反映学生的音乐水平。

（5）针对中小学音乐学科教学研究与实施

建立合适的研究团队，统筹协调研究计划和资源，确定研究课题和方向，制订研究计划和研究方法，开展深入的音乐教学研究和实践活动，并及时总结和归纳出实践经验和教学成果。

在开展中小学音乐学科的发展、专业设置、教学内容和方法、考试与评估等各方面进行教研活动时，可以采取以下策略。

（1）针对中小学音乐学科的发展

可以采取专题调研、分析报告、座谈交流等方式，深入研究分析中小学音乐教育的发展历程、现状及其存在的问题，并提出对策建议。

（2）针对中小学音乐学科的专业设置

可以采取问卷调查、学生座谈、学科组讨论等方式，了解学生的兴趣和发展方向，充分考虑不同学生的需求，设计适合不同年龄段学生的音乐教育课程。

（3）针对中小学音乐学科的教学内容和方法

可以采取教学观摩、课题研究、教学探究等方式，深入探讨音乐教学的内涵和方法，开展探究性学习活动，提高教师的教育教学水平和音乐素养。

（4）针对中小学音乐学科的考试与评估

可以采用评价标准的制定、听力测试和演奏评估、反馈性评估等方式，使评价体系更加科学、合理和客观，同时加强与家长和学生的沟通，提高家长和学生对音乐教育的认同度和支持度。

（5）针对中小学音乐学科教学研究的实施

可以开展师生合作、教学观摩、课程反思等方式，进行教学实践和研究探究，研究和解决实际问题，整合和充分利用有限的教学资源，不断提高中小学音乐教育的质量和水平。

可见，音乐教育学科研究的主题教研主要探讨的是音乐教育的教育理论、教学策略、课程设置、学生评估等方面的问题，旨在提高音乐教育的质量和效果。近年来，音乐教育学科研究越来越注重学生的个性化学习和创新能力的培养，同时也关注教师的专业发展和教育实践的改进。在方法上，音乐教育学科研究采用了多种方法，同时，音乐教育学科研究在跨学科研究领域也逐渐得到了重视，尤其是与心理学、社会学、神经科学等学科的交叉研究，这也值得去研究和拓新。

3. 音乐教育教学资源研究

研究音乐教育的各种资源，包括音乐教学器材和设备、课程教材、音乐艺术作品、音乐教育影视作品、音乐教育网站等等。通过整合音乐教育资源，发挥资源对教育教学的支撑作用。

（1）音乐教学器材和设备

根据音乐教学的需要，研讨不同的音乐器材和设备，如钢琴、小提琴、电吉他等乐器，音响设备、录音设备、幻灯片播放器等教学设备，探究如何合理地使用这些器材和设备，达到最好的音乐教学效果。

（2）课程教材

研讨不同类型的课程教材，包括基础教学教材、广泛阅读教材、音乐教育研究教材等，探讨教材的编写方式和内容是否符合现代音乐教育的需求和趋势，如何有效地使用教材，提高学生的音乐素养和创造能力。

（3）音乐艺术作品

研究不同类型的音乐艺术作品，包括经典音乐、流行音乐、世界音乐等各类音乐，探究这些音乐作品的演奏技巧和表现意义如何融入音乐教学中，提高学生的音乐欣赏和表现能力。

（4）音乐教育影视作品

研究不同类型的音乐教育影视作品，包括纪录片、音乐教育电影、音乐教育电视节目等，探究这些影视作品的教育意义和效果，如何在音乐教学中有效地运用这些影视作品，吸引学生的学习兴趣和提高学习效果。

（5）音乐教育网站

研究不同类型的音乐教育网站，包括音乐教育门户网站、音乐教学资源网站等，探究这些网站提供的资源和服务，如何使用这些网站中的内容，提高音乐教学的效率和质量。

通过以上的研讨，可以借助音乐教学器材和设备、课程教材、音乐艺术作品、音乐教育影视作品、音乐教育网站等多种教学资源进行实操和演练，以提高音乐教学的效果和质量，激发学生的兴趣和创造力。

为了更好地开展针对以教学资源为主题的教研活动，可以参考以下策略。

（1）音乐教学器材和设备

可以邀请专业的音乐器材和设备的生产厂商或专业的音乐教师，分享不同的器材和设备的使用经验和技巧，或者通过组织实际的器材和设备使用操作工作坊，让参与者有机会亲身体验、操作和感受。

（2）课程教材

可以邀请教材的作者或相关专家，分享编写课程教材的技巧和经验，或者通过组织课程教材的评价或改进研讨会，让参与者有机会共同评价课程教材的优缺点，提出改进建议。

（3）音乐艺术作品

可以选择经典的音乐作品或流行的音乐作品，组织专业的音乐表演或分享会，让参与者能够欣赏、体验和理解不同类型和风格的音乐作品，探究音乐作品的演奏技巧和表现意义。

（4）音乐教育影视作品

可以邀请专业的音乐教育影视创作组或相关专家，组织音乐教育影视作品的制作工作坊或研讨会，让参与者了解音乐教育影视作品的制作技巧、创作理念和应用方法。

（5）音乐教育网站

可以选择优质的音乐教育网站，分享网站资源和服务的介绍和使用方法，或者通过组织网站资源的评估和比较研讨会，让参与者能够了解不同网站的优缺点，选择最适合自己的音乐教育网站资源。

通过以上的策略，可以让教研参与者在互动、体验和交流中获取丰富的音乐教育资源和知识，提高音乐教学的水平和效果。同时，也可以激发参与者的创造性和热情，推动音乐教育的发展。

4. 音乐教学管理研究

研究音乐教学的管理和经营问题，包括学生考核、教师评估、教育投入、课程改革、音乐学科管理等相关问题。通过这些研究，促进音乐教育领域的教学管理水平提高。

（1）学生考核方面

可以展开艺术课程标准的研读，针对课标中的学业水平测试要求开展针对性的教研，探讨不同层级的考核要点，让老师们更了解和掌握评价学生的标准和方法，促进音乐教学质量的提升。

（2）教师评估方面

可以邀请音乐教师教育和评估方面的专业人士，分享教师评估的标准和方法，或者通过组织音乐课堂教学观摩和评估研讨会，让教师能够了解自己的教学水平和问题，并为提高自己的教学质量提供有益的反馈和建议。

（3）教育投入方面

可以组织音乐教育相关的投资项目策划和申报工作坊，让参与者了解各类音乐教育项目的申报流程、要求和标准，并探讨如何提高项目申请的成功率和项目实施的效果。

（4）课程改革方面

可以邀请课程改革的专家或者国内外音乐教育改革成功案例的相关人员，

分享课程改革的经验和成果，探讨如何创新教学模式和内容，使音乐课程更符合学生的兴趣和特点，更有利于教学效果的提高。

（5）音乐学科管理方面

可以要求参与教研的老师了解最新的音乐学科管理制度和政策，并梳理学科管理和教育管理的内在关系，探讨如何提高音乐教育管理的有效性和透明度。同时，加强音乐学科管理者的相关培训。

为了更好地开展针对以音乐教学管理研究为专题的教研活动，可以参考以下策略。

（1）针对学生考核

可以开展项目和课题的申报，组建研究团队进行针对性研究，促使课题组教师钻研学生考核的方式、方法和形式，探讨出更适合学生的水平和需要的标准。同时，也可以尝试探讨如何结合教学实践来评估学生的音乐水平和学习过程，提高考核的有效性和准确性。

（2）针对教师评估

设计不同类型的评估工具和流程，如教学观摩、课堂听课、教师自评、同事互评等，让参与者了解如何评估教师的教学水平；提供反馈和指导，让参与者学习如何根据评估结果来设计个性化的课程和教学计划；要求参与者分享自己的评估经验和技巧，促进教师评估标准的统一化和规范化。

（3）针对教育投入

了解教育投入的政策和相关法规，让参与者知道如何申请教育投入，并且符合相关标准；分享优秀的音乐教育投资项目案例，促进参与者的创新思维和投资意识；协助参与者在申报教育投入项目时制订合理的目标和计划，提高项目的成功率和实际效果。

（4）针对课程改革

了解不同地区和国家的音乐课程改革案例，探讨不同改革方式和模式的优缺点；分享教学设计和评估经验，促进参与者对音乐课程创新的理解和学习；设计实际案例讨论和分享，探讨课程改革的关键问题和实现路径，提高音乐课程改革的有效性和可持续性。

（5）针对音乐学科管理

了解最新的音乐学科管理政策和法规，让参与者掌握并深入理解学科管理的要求和标准；分享管理实践和经验，促进学科管理指标和标准的统一化和规范化；探讨如何运用新技术和新手段提高音乐学科管理的效率和质量，促进学科改革和发展。

通过针对学生考核、教师评估、教育投入、课程改革、音乐学科管理这五个方面展开音乐教研活动，可以帮助参与者更全面地了解音乐教育相关的问题和挑战，并分享丰富的实践经验和最佳实践案例，推动音乐教育的不断发展和进步。

但就这个划分类型，还是想和大家分享自己的创新见解。第一，可以加强与其他学科交叉研究，促进学科融合。例如，音乐和文化、音乐和语文、音乐和数学、音乐和视觉艺术、音乐和历史等。第二，建立与艺术界、文化机构、科研机构等的合作与交流，促进学科发展和教学改进。例如，与音乐艺术团体、音乐考级机构、音乐竞赛组织机构等合作，共同推动音乐教育的发展。第三，加强技术应用，建立学科互联网平台，促进音乐教学资源的共享和开发。例如，设计一些音乐教学的电子教材，通过技术手段实现在线课堂辅导、音乐试听、学习活动等。第四，加强教师培训和教育，提高教师的业务素质和能力，同时落实教师的专业发展计划，激励教师的专业发展和创新，提高音乐课程质量，促进音乐教育体系不断完善。期待更多同行能在这些方面有创新实践和成果分享。

（三）按专题划分

按学科研究热点和需要进行针对性研究或解决的问题设置专题，如艺术新课标学习、大单元教学设计、音乐情境教学、音乐教学设计、教学评一体化、深度教学等，相应地，也把这些专题放到音乐教研活动当中，让更多的一线音乐教师受益。

1. 艺术新课标专题

首先，需要全面了解最新的艺术新课标，包括指导思想、修订原则，主要变化、课标理念、设计思路，课程目标、课程内容，学业质量，课程实施等方面展开专题学习研讨。

（1）指导思想和修订原则

首先，需要全面了解艺术课程标准的指导思想和修订原则，包括贯彻立德树人的基本任务，加强审美教育、文化传承、科技创新等方面的要求。

（2）主要变化和课标理念

我们可以分组讨论主要变化和课标理念，比如更加注重学科交叉、注重学生的主体性和创造性、注重以人为本、注重学生思维和情感的发展等。

（3）课程目标和课程内容

在全面理解课标理念和变化的基础上，可以讨论艺术课程标准中的具体课程目标和课程内容。其中，课程目标要明确、有针对性、体现时代特色；课程内容要具备不同层次、不同文化体系的元素，体现时代性、民族性和国际性。

（4）学业质量

讨论艺术课程标准对学业质量的要求，以及学生的综合素质评价标准，从信息技术、多媒体语言、交际能力、审美意识等多方面探讨如何提高学业质量。

（5）课程实施

在课程实施方面，可以讨论从教师、学生、教材、教具、实践等多个方面入手，探讨如何将艺术课程标准落实到实际教育教学中，提高教育教学质量和效果。

通过以上步骤的讨论和研究，可以让教育工作者更好地了解艺术课程标准的理念和要求，掌握实施艺术课程标准的具体方法和技巧，更好地为教育教学服务。

为了在实际开展教研活动过程中更好地推进和落实，以下给出几点实施策略。

（1）在学习艺术新课标指导思想和修订原则时，教师们应通过组织研讨会、阅读相关文献等方式，深入了解艺术课程标准的指导思想和修订原则，并将其融入自己的教育教学实践中。

（2）在对艺术新课标主要变化和课标理念开展专题教研时，教师们应将艺术课程标准中的主要变化和课标理念与自己的教育教学工作密切结合，在实际教学工作中去体会理解，并尝试创新教育教学方法，注重培养学生的创造性和独立思考能力。

（3）在对艺术新课标的课程目标和课程内容开展专题研讨时，教师们应根据新课标的指导，结合学生的实际情况，制定明确、可行的课程目标，并从内容上做好充分准备，注重跨学科融合教学，同时注意课程的时代性、民族性和国际性。

（4）在对艺术新课标的学业质量开展专题教研时，教师们应关注学生综合素质的评价，以新课标为指引，去引导学生做好学业规划和实践活动，建立科学的评价体系，注重运用现代科技手段培养信息技能、多媒体语言、交际能力和审美意识。

（5）在对艺术新课标的课程实施开展专题教研时，教师们应以新课标为指引，关注教师、学生、教材、教具、实践等多方面的具体实施情况，尽可能创造更好的课堂氛围，增强学生参与感和创造性，同时关注学生的心理健康和安全问题。

综上所述，学习和实施艺术课程标准需要老师们从多个方面入手，注重理论和实践相结合，尝试创新教育教学方式，全面提高学生的综合素质和教育教学质量，以更好地服务于人民群众的教育需求。

2. 大单元教学设计专题

在艺术新课标学习的基础上，大家可以分组讨论如何设计大单元的教学方案，包括教学目标、教学内容、教学方法和评价方式等方面。就大单元教学专题，教师们可以按照以下步骤展开研讨。

（1）明确教学目标

教师们首先需要明确大单元教学的总体目标和课程目标。例如，大单元为“通过民族乐器的学习，培养学生的音乐兴趣和鉴赏能力”，则教研活动的目标就是在现有的课程中探讨如何达到这一目标。

（2）分析教学内容

教师们需要对大单元教学的内容进行充分的分析和研究，明确每个单元的教学重点和难点。在活动中，可以交流教学中遇到的问题，分享教学资源和心得体会，讨论教学内容的难点和解决方法。

（3）探索教学方法

教研活动的重点之一是探索适合该教学内容的教学方法。教师们可以分享各自的教学方法并进行讨论，挖掘更多的教学策略和方法。例如，可以通过观摩、体验或小组学习等方式，让学生更好地了解和学习民族乐器。

（4）设计评价方式

为了保证教学效果，教研活动的参与者需要共同设计适合该单元教学的评价方式。可以考虑采用学生自评和互评、项目评价、出勤分数、作品展示等方式进行评价，突出过程性和表现性评价，与结果性评价相结合，多维度去设计评价指标，并在活动中，可以进行实际操作，探讨评价标准和方式的可行性。

总之，进行音乐教研活动时，老师们应该注重沟通、交流、分享，共同研究和探讨适合教学内容的教育教学方法和策略，共同提高教育教学质量和水平，为学生提供更好的音乐教育。

针对以上四点，可以考虑以下的策略去实施。

（1）明确教学目标

整合教材：请教师们带来自己的教材，收集和整合大家的教材，分析和总结大单元的总体目标和课程目标。

进行小组讨论：将教师们分成小组，让他们分别就教学内容、教学方式、评价方式讨论交流，最后将各小组的观点汇总起来。

设计课程大纲：根据上述讨论结果，教师们可以共同设计课程大纲，以确保密切关注大单元教学目标。

（2）分析教学内容

分组观摩：将教师们分成小组，分别前往学生课堂上观摩，了解学生的学习情况，评估课程效果，发现教学中的问题。

开学前培训：在开学前组织教师们进行培训，为他们提供教育技术、课堂管理、评估技能、知识和技巧的培训。

小组研讨：请教师们就教学内容进行小组研讨，共同总结出单元教学重点、难点，提出可行的解决方案。

（3）探索教学方法

分组讨论：将教师们分为小组，讨论并分享适合教学目标的教学方法，并尝试使用新的方法。

利用技术手段：利用现代化的技术手段，如教育应用和智能化的交互式白板，让学生更好地了解和学习音乐知识。

教师互访：教师之间可以互相访问对方的课堂，体验不同的教学方式和方法，以更好地提高个人水平。

（4）设计评价方式

小组讨论：将教师们分为小组，讨论并分享教学评价方式，并尝试使用新的评价方式，共同讨论此方式的可行性。

设计评价标准：共同设计评价标准，利用评估方案表、平常作业和成绩单，及时记录学生的反馈信息，并作为后续教学方案的参考。

教育技术支持：利用现代化的技术手段，如数据收集和分析应用，帮助教师反馈学生的成绩和表现，并为学生提供个性化的回馈和教育方案。

总之，教育教学的研究是一个渐进的过程。教师们可以共同合作，尝试新的教学策略和方法，总结和提炼落实有效的教育教学模式，以确保学校教育的效益。

3. 音乐情境教学专题

在组织音乐教研活动时，可以重点关注情境教学专题，情境教学是将学生置于具有真实感和生动性的情景中，让学生从体验中获得知识和技能的教学方法。在音乐教学中，情境教学可以帮助学生通过模拟实际演唱、演奏、创作和欣赏的情景，增强学生的兴趣和学习效果，提高实际应用音乐技能的能力。

以下是音乐教研活动中可以就情境教学这个主题展开研讨的具体步骤。

（1）研讨情境教学的理论基础

主要包括情境教学的基本理论和概念，包括它的起源、发展、特点和优点等。此外，需要强调情境教学能够帮助学生更好地学习、应用、评估和创造音乐知识和技能的实际效果。

（2）分组研讨情境教学的教学方式

将教师和研究人员分为若干小组，每个小组针对不同的年级和学科领域，共同研讨情境教学的教学方式和策略。教师可以自己设计教材、评估标准和课程大纲，也可以借鉴其他教师和学校的好的教学模式。

（3）特邀专家演示情境教学案例

特请专家来学校演示情境教学的实际案例，并现场解析演示效果和教学理念。参与者们可以通过观察演示和解析深入了解情境教学的操作方式和思维方式，并提出质疑和建议。

（4）讨论情境教学的评估问题

分析情境教学在课堂教学中如何评估和反馈结果，如何关注个体差异，如何调整课程和教学方式以适应学生的需求。讨论中还可以考虑如何使用技术手段，合理利用学生反馈信息，并建立情境教学的评价标准，以帮助教师把情境教学应用在实际教学中。

（5）总结情境教学的教研成果

将每个小组的讨论和分析结果汇总，形成情境教学的实操方法和技巧手册。同时，还需要总结如何将情境教学与其他教学策略结合使用，支持学生的音乐创造、表演和欣赏的能力。

为了使音乐情境教学专题更具操作性和参与性，可以尝试从以下几个方面入手。

（1）在研讨前，组织专家学者进行介绍和解读，可以邀请有关音乐教育领域的专家，为参与者介绍情境教学的基本概念、原理和应用。这样有助于参与者和专家共同了解、探讨、深化对情境教学的理解。

（2）将参与者分成若干小组，每个小组根据年级和学科领域选择一个案例进行深入探讨。可以分阶段进行，包括组织小组成员自行设计情境教学方案、分享各组成员的设计经验和方法、开展讨论和交流、认真分析每个案例中的优缺点，并提出完善建议，达成共识等。

（3）邀请资深的专家来演示情境教学案例，提供实际操作方案，并让参与者观摩亲身体验。可以在专家演示后，开展讨论互动环节，专业指导团队对情境教学案例进行解析和点评，根据现场参与者的问题和反馈做出针对性的答复，帮助参与者详细了解情境教学的教学流程和实操方法。

（4）建议参与者在实践情境教学活动中打破惯有教育思维，打破教学障碍，支持学生探究自己和探究知识的能力，鼓励学生加入教学中来，引导学生去学习，鼓励其独立思考，加强学习的效果。同时，组织参与者分享归纳情境教学中的具体评估方法、用何种方式进行反馈，就如何针对不同学生进行个性化评估、关注学生评估结果以及提供有效的反馈等方面进行讨论。

（5）在研讨结束后，可以组织教师领导班级教学，实践由参与者提供的情境教学方案，整理出情境教学的操作指南，并制定评估标准、评价方法和反馈机制。通过实践情境教学，不断总结实践经验，反思教学过程中的不足，优化情境教学的每个环节，探索情境教学和其他教学策略如何有效结合的方法。通过分享和交流，相互学习、相互借鉴，提升教育教学水平，改进教育教学理念。

总之，情境教学的研讨活动需要涵盖学科知识、受众目标、教学方式、评估标准、教育资源等方面的内容，促进教师之间思想交流、教育理念和实践的提升，从而为教育教学提供新的思路和方法。

4. 音乐教学设计专题

结合大单元教学设计和音乐情境教学的要求，可以讨论如何编写音乐教学设计，包括整个教学过程中的具体教学目标、教学手段、教学内容、分层评价等方面。

针对音乐教研活动，就教学设计的教学目标、教学手段、教学内容、分层评价展开研讨，可以遵循以下步骤进行。

步骤一：确定研讨主题和议程

在确定研讨主题和议程时，可以共同商讨教学设计的教学目标、教学手段、教学内容、分层评价等方面的重点内容，如何达到课程目标、如何设计有意义的乐理知识练习等。

步骤二：分享个人教学设计经验

组织参与者分享个人在教学设计方面的经验，可以要求每位参与者提供教学案例，进行分享或者简单的演示，让大家学会借鉴别人的经验，相互补充教学方法。

步骤三：讨论教学目标的设定

在确定教学目标时，可以根据教育计划、课程标准等教育政策来确定乐理知识、演奏技巧、音乐欣赏能力等教学目标，避免教学目标设置个人化或没有实际应用。

步骤四：分享不同的教学手段

在讨论教学手段的时候，可以分享多样化的教学方法，如小组讨论、个性化辅导等。可以结合课堂教学实践，让教学手段更加灵活多样，并根据不同学生的需要个性化地进行辅导，促进学生乐理水平的提高。

步骤五：共同探讨各种教学内容

在教学内容方面，可以分享音乐欣赏、音乐理论等方面的内容设计方法，共同探讨优秀的音乐作品，如何拓展学生的视野开阔音乐世界等，也可以探讨音乐教学资源的获取方式，为教学内容的拓展提供更多可能性。

步骤六：确定分层评价的具体方法

最后，讨论分层评价方法，指导学生掌握乐理知识和表达能力，可以设定具体的分层评价标准，开展自我评价、互评、师评等评价方法，以此推动学习效果全面提升。

通过以上步骤的探讨，可使教学设计更具针对性和可操作性，不断提高教学水平和教改效果，推动音乐教研工作的正常进行。另外，针对以上六个步骤可以采取的具体策略有以下几个。

策略一：建议确定研讨主题和议程时，可以邀请专业人士或教师作为主讲人，分享实用的教学设计经验和教学方法，使教学者能够快速获得实用的经验和技能。

策略二：建议分享个人教学设计经验时，可以要求参与者事先上传自己的教学案例，然后在研讨会上进行简单演示和讲解，以促进参与者之间的互相学习。

策略三：建议讨论教学目标设定时，可以让参与者就学生实际情况进行探讨，以达到确立符合实际情况、适宜教学的教学目标。

策略四：建议分享不同的教学手段时，鼓励参与者共同研究教材、教辅资料，结合实际讲解和演示教学手段，以达到参与者能够全面了解基于生活和课堂氛围的丰富多彩的教学手段，让教学者更加灵活多样地进行教学。

策略五：建议共同探讨教学内容时，参与者可以选择优秀的音乐作品进行听音乐、谈音乐、乐理知识练习等，以互相促进和学习为目的，构建良好的教学氛围并培养学生终生需要的音乐素养。

策略六：建议确定分层评价的具体方法时，采用不同的评价方式，如开展专题测验、听力练习、代表作品展示等，鼓励学生参与，提高学生的学习主动性以及掌握音乐表达的能力。

5.“教—学—评—体化”专题

“教—学—评一体化”是指在教学过程中，将教学与评价相融合，使评价成为教学的一部分，以提高教学的质量和效果。它是一种教学评价的新模式，主要包括以下几个方面。

（1）教学目标的设定和评价

“教—学—评一体化”的首要任务是确立教学目标，通过教师的探讨和授课过程的实施，教师对所设定的教学目标进行评价，以此来检验教学目标的达成情况。

（2）教学方法的选择和评价

“教—学—评一体化”的教学方法是多样化的，具有包容性和适应性，其中评估方法是重要的组成部分。评估方法会直接影响到教师选择的教学方法，因此教学方法的选择和评价必须一起实施和完成。

（3）教学过程的评价

教学过程的评价主要针对教学过程中的教师和学生的行为是否达到教学计划中的要求，对教学过程的各个环节进行评价，以反馈性的形式帮助教师进行教学方法的改进和提高。

（4）学生学习成果的评价

“教—学—评一体化”最终目的是要对学生的学习成果进行评价，从知识、技能、能力等多个方面对学生的学习结果进行评分和评价，不仅可以评价学生的学习成果，同时还对学生的能力提升进行反馈和鼓励。

“教—学—评一体化”的主要实现策略是紧密结合教学中的各个环节，将教学过程中所有重要的因素（教学目标、教学方法、教师行为、学生学习、学生评价等）相互交织，形成一个具有内在联系、相互依存的整体，其中评价是支持教学和改善教学的有力工具。

音乐教研活动中，针对“教—学—评一体化”的专题，可以结合以下几点进行研讨。

（1）教学目标的设定和达成过程

音乐教师应该在教学前明确教学目标，并根据学生的实际情况和教学目标，选择合适的教学方法和教学手段，促使学生实现教学目标。在这一过程中，如何合理规划教学内容和步骤、如何提供鼓励和反馈以激发学生的学习热情、如何处理学生中的差异等问题都可以进行深入探讨。

（2）多元化的教学策略和手段

音乐教学应该采用多元化的教学策略和手段，包括视唱练习、听觉训练、合唱和器乐演奏等多种形式，以提高学生的音乐技能互动和表现力。在这一过程中，如何平衡不同教学策略和手段在课堂上的运用、如何制订不同教学策略的具体规划、如何在课堂教学中精细操作等问题也可以进行研讨。

（3）音乐教学评价标准的建立和完善

音乐教师应该建立并完善音乐教学评价标准和评价体系，准确评价学生的音乐表现，为学生提供针对性的指导和反馈。如何避免评价标准的主观性、如何考虑学生的个别差异来制定评价标准、如何针对不同学生的音乐素养和表现提出不同的评价要求等问题也可以进行讨论。

“教—学—评一体化”是音乐教学中非常重要的教育理念和策略，对提高音乐教学效果和培养学生的综合素质具有重要意义。教师们可以根据自身的实践经验和研究成果，展开深入的研讨和交流，为音乐教学的改进和提高做出更好的贡献。

6. 深度教学专题

深度教学是一种基于深度思考和深入学习的教学方法。它要求学生从表层的知识和技能学习转向更深层次的理解和思考，通过挖掘和探究问题的内在关联，深刻理解学科知识和技能的本质，并掌握其应用的原则和技巧。深度教学的特征有以下几个。

（1）强调理解和思考

深度教学注重学生从事思考性的学习活动，将学生引导到有意义的探究中，培养学生的思考能力和创新能力。

（2）强调情境和体验

深度教学注重学习的情境和体验，从而使学习更具意义和吸引力，有助于提高学习效果和学习动力。

（3）强调关联和整合

深度教学注重知识与知识之间的关联和整合，追求知识的内在逻辑和思维模式，并促进理解和知识的传递。

（4）强调合作和交流

深度教学注重团队合作和交流，引导学生通过团队协作的形式进行相互学习、探究和反思。

在深度教学中，教师要充分考虑学生的学习特点和需求，注重学生的主体地位，选择适合学生的课堂教学方法和策略，利用多种资源和技术手段开展教学活动，进一步提升学生的兴趣，提高学生成就和综合素质。

基于深度教学的理解，音乐深度教学是一种基于学生个体差异、能力发展和兴趣特长等方面的需求，以学生为中心，突破学科、阶段、知识点、技能训练等核心元素，以探究、创造、表达为主线，以认知、情感、意志、文化素养的综合提升为目标，通过全面、系统、个性化的学习过程，促进学生身心健康、全面素质与拓展能力的合理发展和高水平学科素养的形成。第一，制定研讨议程。根据参与者的需求和研究重点，制定研讨议程。例如，在音乐教学过程中如何促进学生音乐表现力的培养等。第二，开展小组讨论。将参与者分成小组，每个小组讨论一个议题，分享各自的看法和经验，并结合实践进行分析和探讨。第三，进行分组讲解。将参与者分成若干组，每组分别就某个议题进行讲解和解释。第四，组织观摩教学。观摩教学是一种非常有效的研讨方式，可以邀请其他学校或教育实践者开展课堂授课，并进行观摩和研讨。第五，撰写研讨报告。引入一位专家或研究者为参与者做研讨报告，从理论到实践，分析讲解该领域的前沿知识和问题。

无论采取哪种方式，研讨时应注意充分发挥参与者的积极性和创造性，推动研讨成果的收获和实践。针对以上五点，可以采取以下策略。

（1）可以通过问卷调查等方式获取参与者的需求和研究重点，制定符合大家需求的议程，并提前通知参与者，让他们做好准备。

（2）小组讨论需要将参与者分成小组，注意参考学生的能力水平、理解能力等方面，让他们能够进入自己舒适的参与环境中，开展讨论，同时提供参考资料和问题，以引导讨论方向，鼓励学生积极参与，超越原有的想法。

（3）分组讲解时应提前安排分组，把握学生能力水平，确定各组讲解的议题，并为每个小组提供适合的参考资料和指导问题，以推动学生的独立思考和自主学习。

（4）观摩教学时注意选择适合的课程内容、教育水平，提前与其他学校和教育实践者联系，组织好参与方的交通和接待，让观摩教学能够真正取得实际效果。

（5）研讨报告时应认真选择专业研究者或者教育实践者，确定好讲解的议题和内容，为参与者提供清晰、连贯的讲解，同时有针对性地提出问题，激发学生的思考和探索，提高研讨效果。

（四）按跨学科融合划分

紧密结合综合素质教育和新课程改革大背景，可以从不同学科开展音乐跨学科融合教研，如音乐与美术融合教研、音乐与语文融合教研、音乐与历史融合教研、音乐与心理健康教育融合教研、音乐与信息科技融合教研等。这是一个教研新尝试、新探索，非常值得教研行政部门和教研员们关注与推进。

1. 音乐与美术融合教研

开展音乐与美术融合教研，可以采取以下措施。

（1）制订融合教学计划

老师们可以通过制订针对一定时间段的音乐与美术跨学科融合教学计划，明确课程目标和安排。通过融合指定学科知识和技能，设计出有趣的活动，让学生能够通过跨学科融合，掌握和应用跨学科的知识和技能。

（2）强调知识互换

鼓励音乐和美术学科教师之间建立合作关系，共同研究和应用对方学科的知识和技能。音乐教师可以邀请美术教师到音乐教室分享绘画思维并组织学生制作音乐相关作品。美术教师也可以邀请音乐教师到美术教室进行合作创作，互相学习交流与补充，提高对自己学科的认识。

（3）联合课程设计

学科老师可以一起制定班级的课程设计，集思广益，设计富有趣味性和实用性的课程，并在设计学科融合课程的同时，将此次课程作为下一学科的设计基础。

（4）打造互助学习环境

教师可以将音乐与美术融合教学任务分配给学生，让他们根据学科需求组队学习，共同完成任务。联合学习的过程中，强调学生之间的相互支持、协作和鼓励，建立良好的包容互助学习环境。

（5）创意的结合

应该促进音乐和美术融合课程的创新和实践，可以在欣赏名画或作曲家的音乐的基础之上，组织学生对其进行二次创作或演绎。例如美术课上画出配乐环节，音乐课上各自创作音乐幕布，运用音符等创意工具观察美术作品，既丰富学科知识，又有趣味性，提高学生创新能力。

在具体操作过程中，可以采用这几种策略。第一，音乐与美术教师要建立良好的合作关系，可以每周或每月定期参加教学研讨会，分享自己的教学经验和教学成果。同时，为了解对方学科，可以参加对方的班级教学，加深对学科知识的理解和应用。第二，在组织跨学科融合教研之前，建议将音乐和美术学科内部的串联和纵向发展做好。定期编写音乐和美术教学大纲，进行同步备课和教学评估，让学科知识得到全面掌握。第三，针对跨学科融合教学的课程设计，建议先制定教学目标和教学内容，然后确定课堂教学方式。在课堂教学中，可以采取小组合作、角色扮演、讨论、实验等方式，让学生参与教学，掌握学科知识，增强学生学科合作的乐趣。第四，关注在教学过程中让学生自主学习很重要。老师要创设适应学生学习水平的任务，让学生根据兴趣、特长、志向等自由安排自己的学习过程。同时，由于跨学科融合教学在很大程度上需要解决学科之间的衔接问题，建议老师设计适应不同学科水平的教学方案。第五，鼓励教师探索教学经验并分享活动。每个老师可以集中精力钻研一项新技术，或者是让学生团队分工合作设计教学任务。教师可以通过分享经验、积累经验，推进教学进步，为学科之间的协调提供经验支持。

2. 音乐与语文融合教研

（1）制订明确的教研计划和目标

制订严谨的教研计划和目标，根据学科基础，确定合适的融合教学模式和方式，确保教研质量，并落实教研任务。

（2）小组合作开展研究

教师可以在小组中开展教研活动，互相交流学科教学的经验，探讨如何在语文课本上增加音乐元素，或是如何在音乐教材中挖掘语文元素，以整体提高融合教学效果。同时，教研小组中的教师可以互相观摩和点评课堂教学，以便更好地提高教学质量。

（3）搜集各种教学资源

音乐与语文的融合教学需要大量的教学资源，如音乐素材、课件、教案等。教师可以利用各种教学资源网站和音乐学会等资源，搜集相关资料及教学资源，以增强课堂教学的实效性。

音乐与语文的融合教研是一项全新的教研方式。通过教研和教学探索活动，教师可以互相学习，虚心听取建议，优化课程设计，提高音乐与语文教学的融合度，激发孩子的学习热情，提高学校整体教学效果。

首先，教研小组成员讨论各自学科基础，确定融合教学模式和方式，并在教研计划和目标中涵盖，以确保教研任务符合实际需要；明确教研任务及时间表，将教研计划分解为几个小目标，从而更好地实施教研任务；对教研队员进行现场探讨和讨论，以便更好地收集信息和意见，从而更准确地定义教研计划和目标的明确性。其次，做好参加教学研讨之前需要的前期安排，如准备普及素材或社区网络服务等；教研小组成员间定期开放讨论，以便共享学科教学经验，如在课本上增加音乐元素，整体提高教学效果等；设计教研课的时间表和计划，以便教师在教研课堂中可以模仿小组成员的教学设计，以进行相关证明和评价；教研小组成员之间进行课程交换和共赏课，以便更好地整合优劣课程设计的经验，提高教学水平。最后，在网上浏览各种教育资源和相关学科会议资源，以便收集相关的音乐素材、课件、教案等；教师可以在教研小组聚会时，增强互帮互助意识，以获得更多有用的教育资源；引导教师了解优质资源发掘平台，以便获得更多优质教育资源和研究资料。

以上实施策略仅是举例，实施时应视具体情况，根据学生的实际需要和老师的能力水平，制订更具体的计划，并进行必要的调整。

3. 音乐与历史融合教研

音乐与历史是两个不同的学科，但它们之间有很多交叉点和联系，融合起来可以让学生更好地理解历史文化和音乐文化。以下是一些可能的跨学科融合教研的实施策略。

（1）制定明确的教学目标

教师需要明确这一融合教学的具体目标，并确保它符合课程标准和学生的实际需要；通过学科交叉融合，教师需要确保音乐和历史的学科内容不会被抛弃，而是有机地联系在一起，以提高学生的学习效果。

（2）教师互相协作

音乐和历史教师需要定期开展教研，以了解彼此的教学方法和最佳实践；定期召开跨学科教研，教师可以交流教学策略和方法，分享各自的经验和教材资料，以获得更好的教学效果。

（3）采用交叉学科的教学方法

教师可以采用音乐和历史教学方法相结合的方式进行课堂教学；教师可以在教学中采用音乐表演、演唱、音乐情境演绎、音乐制作等方式，让学生更好地理解历史事件和文化背景。

（4）教师整合教材和资源

教师可以整合音乐和历史的教材和资源，例如对历史文化知识和音乐作品进行讲解和分析；可以借助多媒体技术，将历史文化和音乐作品进行深度分析，从而更好地实现音乐和历史的融合。

在实施音乐和历史跨学科融合教研过程中，教师需要注意保持课程的平衡性，确保音乐和历史教学的重点得到平衡，突出学科本位，并符合课程标准和学生实际需要。

4. 音乐与心理健康教育融合教研

音乐和心理健康教育都是与人类情感、情绪、态度等紧密相关的领域，它们之间有许多交叉点和联系，融合起来可以极大地促进学生的身心健康。开展音乐与心理健康教育融合教研可以通过以下几个步骤实现。

（1）确定教研主题

为了让教研更加具体、有效和有目标，首先需要明确教研的主题，如“音乐与自我探索”“音乐对情绪的影响”“音乐与压力管理”等。根据主题，确定教学目标与教学内容，明确核心概念和课程重点。

（2）收集和整理教材和资源

确定了教研主题后，教师可以收集和整理相关的音乐、音乐理论、音乐疗法、心理学等方面的教材和资源，包括经典乐曲、音乐治疗手册、研究资料等。

（3）制订教学设计方案

根据教学目标和教材资源，制订教学设计方案，并根据具体的教师特点进行教学策略和方法的选择。教学设计方案可以包括以下内容：教学目标、核心概念和关键问题；教学活动和课程内容，如音乐活动、讨论、案例分析、角色扮演等；教学方法、媒体和工具，如班级互动、音乐视频、文献资料等；教学评价方式和考核标准。

（4）组织实施教研

通过线上线下的形式，组织实施教研。教师可以采用授课、案例分析、小组讨论等多种形式进行教研活动。教师需要分别集中地讲解音乐教学方法，如钢琴教学、弦乐教学等具体教学，也可以分别集中讲解音乐对心理健康的影响方式，如音乐治疗、音乐排解负面情绪、音乐疗愈焦虑等。另外，可以邀请专家来进行指导，与其他教师交流心得和经验。

（5）整理教研成果

教研结束后，需要对教师们的总结提出意见和建议，让每位教师拥有未来改进的方向。然后将教研内容整理成教材，以提供更多的参考和启示，促进音乐教育的发展。

如果音乐与心理健康融合教研取得一定成效的话，可以促进学生的心理健康成长，提高音乐教师的能力和专业水平，推动音乐教育的创新发展，对于学生和教师的成长都有积极的影响和意义。

这是因为，音乐教育作为一种情感和创造性的艺术形式，可以帮助学生更好地表达自己的情感、释放负面情绪，从而提高情感管理能力。同时，音乐也可以通过创造积极的情绪和情感体验，促进学生自信、自尊和自我认同，从而增强学生心理健康成长。音乐教师通过开展音乐与心理健康融合教研活动，可以更深入地了解音乐与心理健康的关系，并探索音乐如何更好地应用于心理健康领域。教师们可以在联合教研时分享教学经验和心得，提高专业知识水平，不断提高自己的教学、指导和辅导能力。另外，音乐与心理健康融合教研活动涉及音乐教育、心理教育等多个学科领域的知识，促进了学科之间的交叉融合。同时，教研活动还可以促进跨学科合作和交流，为教师和学生之间的互动和合作提供了良好的机会。可以推动音乐教育的创新发展，探索音乐教育与心理健康教育的融合路径。目前，音乐教育正处于创新转型阶段，教师们只有不断提高专业素养和探索创新教学方式，才能满足学生不断增长的需求。

5. 音乐与信息科技融合教研

音乐与信息科技融合是当下音乐教育发展的重要趋势，开展音乐与信息科技融合方面的教研可以促进教育教学水平的提高和创新。以下是开展音乐与信息科技融合教研的几点建议。

（1）明确研究方向和目标

明确音乐与信息科技融合教研的研究方向和目标，选取能够惠及音乐教育的信息科技教学手段。教师可以综合考虑自身教学和研究方向、信息科技应用在音乐教育中的可行性和适用性，以及当前社会的需求等方面，确定具体的研究方向和目标。

（2）寻找合适的信息科技教学资源

要开展音乐与信息科技融合的教研工作，就需要寻找合适的信息科技教学资源。教师可以寻找一些优质的音乐教学网站、音乐教育软件以及音乐制作工具，这些资源可以帮助教师更好地整合信息科技和音乐教学，提升音乐教育的质量。

（3）探究信息技术在不同领域的应用

信息技术包含了很多不同的领域，教师可以将信息技术的各个应用领域联系起来，探究它在音乐教育中的应用实现。例如，可以利用互联网进行音乐教学视频直播，或在线教学，或尝试用计算机软件来制作音乐作品，等等。

（4）掌握信息技术的教育教学意义

了解信息技术在音乐教学中实现的教育教学意义，帮助教师更好地理解信息技术在音乐教育中的应用，增强教师对信息技术使用效果的认识和敏感度，有助于更好地实现音乐与信息技术融合教育。

开展音乐与信息科技融合教研需要厘清方向，寻找合适的资源，探究信息技术在音乐教育中的应用，掌握信息技术的教育教学意义。这些步骤有助于教师更好地促进音乐与信息科技融合，提高音乐教育教学的有效性和创新性。

但在开展音乐与信息科技融合教研时，需要特别注意以下四点。

（1）确认教育工具和软件的可行性和适用性

教师需要测试和评估适用于音乐教育的新的信息技术教育工具和软件，以确认它们是否符合音乐教育的要求。

（2）寻找合适的资源

为了实现音乐和信息技术的融合，需要寻找合适的资源，如音乐教育网站、音乐教育软件等。在选择资源时，需要评估资源的可靠性、可用性以及是否满足音乐教育的特定需求。

（3）建立有效的教学模式

在使用信息技术进行音乐教学时，教学模式应符合音乐教育课程的要求，并能够满足不同级别学生的学习需要。

（4）注意安全问题

在使用信息技术进行音乐教学时，需要注意网络安全和隐私保护问题。教育工具和软件必须遵守隐私和安全法规。

总之，开展音乐与信息科技融合教研时需要注意关注研究方向，确认教育工具和软件的可行性和适用性，寻找合适的资源，建立有效的教学模式，注意安全问题。只有这样，才能在教育中最大程度地实现音乐和信息技术之间的融合。

第三节　音乐教研常见问题

中小学音乐教研是教育改革中的一个重要环节。音乐教研是教师自身职业成长的重要手段，是提升教师教学素质和促进学校教育教学质量的有效途径。因此，加强中小学音乐教研工作，对于推进教育现代化、促进学生艺术素养的提高，具有十分重要的意义。

在中小学音乐教研中，需要加强教师专业能力的培养，提高教学水平，加强课程教学研究，强化教师日常工作中的反思与实践。同时，应该鼓励中小学音乐教师参加各种专业培训和交流活动，积极开展教育教学研究，从而汲取更多的教育教学经验，更新教学方法，提升自身的综合素质。加强中小学音乐教研的重要性不可忽视。只有不断地提高教师教学能力和水平，才能够更好地推动学生的艺术素养和全面发展。

实际上，中小学音乐教研的关键在于提高教师的教学能力，通过教学研究和反思来优化教学方案，更好地适应学生的学习需求和个性化发展。教师要不断地加强教育教学法的学习和研究，积极探索合适的课程教学方法，不断尝试和改进，以提高教学质量和学生的学习效果。

此外，中小学音乐教研也需要注重推广先进的教育理念和理论，加强与国内外先进教育理念的交流，并结合实际情况，积极应用和创新教育理念和方法，不断推动音乐教育的发展。

总之，加强中小学音乐教研工作，需要全体教师的共同努力和学校的鼓励支持。只有通过这样的共同努力，才能够促进中小学音乐教育的全面发展，让学生更好地体验到音乐所带来的美好和快乐。

但在实际的音乐教研工作中，我们会因为种种原因看到很多不尽如人意的现象。

一、教师参与度不高

音乐教研是指教师在一起探讨和分享音乐教学经验、方法、资源等方面的活动，目的是提升教学质量和教学效果。而教师参与度不高则指部分教师对这种活动的参与不积极，缺乏主动性和热情，导致教研的效果被削弱甚至无法实现。我们发现，不少教师缺乏积极的参与意识，不太热衷于参加音乐教研活动，或只是形式上参与并没有积极投身其中，这往往会影响整体教研效果。

（一）问题表象

1. 缺乏热情、积极的态度

这是一个最常见的问题。教师对于音乐教研活动不感兴趣，可能是因为无法理解它的价值和意义，或者感觉自己无法从中获得实际益处。此外，种种现实因素（例如教学环境、工作压力）也有可能使得教师不情愿参加。因此，需要采取一些方法来激发教师对于音乐教研活动的热情。

（1）预先宣传音乐教研活动，并在活动开始前进行充分的准备工作，如让教师了解活动的开展背景、目的和主题等。

（2）制定清晰的教师参与责任，对参与者有所期望，明确其参与的实际意义和价值。

（3）提供具体的奖励和激励机制，如给予教师参加教研活动的学分，依据参会情况发放奖励等。

（4）尊重教师的个人意愿，教育和引导教师尽可能积极地参加教研活动，并听取他们对于教研活动的意见和想法。

2. 疏远教师团队

教研活动中，教师团队是十分重要的。然而，有的教师可能会主动或被动地推迟或避免与其他教师合作，尤其是那些教师团队由于领导风格等出现了一些矛盾的情况。为了改变这种团队疏远的局面，可以通过以下方式。

（1）鼓励教师向其他教师学习。

（2）多举办音乐教研活动，让不同学科、不同年级的教师参与，提高教师之间的互动和交流。

（3）审慎处理与教师团队相关的问题，确保处理方式公平和合理，有助于加强团队之间的互信和合作水平。

3. 缺乏主动性和责任意识

缺乏主动性和责任意识是无法接受的。如果教师在参与和组织教研活动时没有主动性和责任意识，那么教研的形式和效果都可能受到影响。为了解决这一问题，应该采取以下措施。

（1）创建清晰的教师参与指南，确保教师能够准确了解任务和职责，并清楚地知道自己的任务或项目的起讫时间和目标。

（2）提供充足的时间，允许教师充分地准备、研究和实践。

（3）监督教师的工作进程，确保教研活动的顺利进行，给予及时的反馈和总结。

4. 时间不足

由于工作任务或其他原因，许多教师并没有充足的时间去参加音乐教研活动，甚至把其他工作的安排排在了音乐教研活动之前。这就使得教研活动难以贯彻落实。为了解决这一问题，应该采取以下措施。

（1）设定音乐教研活动的时间计划，例如在课余时间进行活动，以避免对教师课堂教学的影响。

（2）确保教师有充足的时间来准备、研究和参加教研活动所需的工作。

（3）鼓励教师优化时间管理和规划能力，并提供必要的资源和支持，如课程设计指导、教学材料等。

5. 缺乏实际贡献和激励

教师参与音乐教研活动，应该不仅仅是为了完成任务，更是为了提高教学级别，在教育职业生涯发展和提高的过程中获得助力，但是如果参与教研活动发现自己所获得的并不多，那么就会失去积极性。为了解决这一问题，应该采取以下措施。

（1）明确教学目标，确保教研活动满足教学需要，并提高教学成就。

（2）给予正向或者负向的反馈，奖励教师可以激励他们参与教研。

（3）鼓励教师分享教学资源、分享教学经验，并提供匹配教育职业生涯发展的机会、空间、教学资源和支持等。

要解决音乐教研教师参与度不高的问题，必须在激发热情、加强团队合作、提高教师主动性、合理规划时间、提高教研活动的有效性，以及提升教师参与的直接或间接效益等方面全方位协调，择优操作，方可得到一定的效果。

（二）成因归纳

1. 教师的研究兴趣不高

教师感觉研究花费太多时间和精力，没有得到足够的回报，逐渐对教研失去兴趣。

2. 教师自身缺乏音乐教育需要的专业知识和技能

因为音乐教育需要丰富的音乐知识和技能支持，如果教师的音乐素养不足，就很难积极参与音乐教研，甚至在音乐教学中出现问题。

3. 压力较大

教师平时的工作压力不小，有时候需要花费大量时间和精力来准备教学和迎接检查，很难再抽出时间来参加音乐教研。

4. 意识缺失

教师有时候可能觉得音乐不作为期末考试科目，在教育教学环节中不是很重要，没有站在学科育人的角度去看自己的学科，没有认识到学科育人的价值，所以会经常忽略音乐教育的重要性，进而不愿意参与音乐教研。

5. 缺乏有效的平台和机会

一些学校并没有为教师们提供音乐教研的平台和机会，或者提供的机会不够充分，教师很难找到机会参与到相关的活动中去。

（三）建议对策

1. 增加专业知识和技能培训机会

可以开展专业知识和技能培训，提高教师的音乐素养和教学水平。同时提供在线学习平台，让教师可以更加灵活地进行学习。提高他们的专业知识和技能，提高教师的能力素质。

2. 创建专业音乐教研小组

针对音乐学科教研，可以成立专业音乐教研小组，由专门的人来负责组织和安排音乐教研活动。在定期组织教师参加音乐教研活动中，提供交流思想和教学经验的平台，使教师们更好地参与进来。

3. 提供充足的时间

学校可以调整教学任务和工作安排，减轻教师的工作压力，提供充足的时间让教师参加音乐教研活动，腾挪出教研时间，避免加班。

4. 激励教师参与音乐教研活动

可以制定激励政策，对参加音乐教研活动的教师给予相应的奖励或者晋升机会，激励教师参与音乐教研，如发放学分、考核评优等。

5. 打造共享教学资源平台

可以提供更为便利的音乐教研平台和机会，共享音乐教育资源，加强教师查找资源的便利性，方便教师们共享教学资源和交流教学经验。通过合理利用音乐教育资源来增强他们对音乐教研的兴趣和参与度。

6. 通过真研、深研来扭转音乐教师的教研意识

提高教师对音乐教研的重视程度，使得教师们能够更好地参与音乐教研活动。

二、教研内容缺乏深度

一个好的教研团队需要积极开展专业能力的培训和提升，不断拓宽思路，提高教研水平。可以通过学术研讨会、专家指导、课题组织等方式促进教师进行专业的能力培训，拓宽教师的视野，提高研究的深度和广度。但不乏对教研内容流于形式、上传下达、闭门造车的现象。长此以往，老师们日渐感觉到教研内容太没意思，都是自己在小打小闹，对自身的专业起不到一点作用。

（一）问题表象

（1）教师缺乏更深刻的音乐教学理念和方法，无法提供更高质量的教学内容。

对于音乐教师来说，具有深度扎实的音乐教育不仅是他们工作的基础和使命，更是确保学生学习有效的关键因素。如果音乐教研活动的内容缺乏深度，则会导致教师缺乏新的思想和方法，无法提供更高质量的音乐教育。这可能会导致教学内容单调和缺乏实际效果，影响学生发展。

（2）参与教研的教师缺乏更深层次的交流和思考，可能只是简单地复制、模仿其他学校和教师的教学模式，缺乏创新性。

教师在教育教学中一直处于不断学习和成长中，因此，他们在音乐教研活动中的交流和思考对于音乐教育的发展至关重要。如果参与教研的教师缺乏更深层次的交流和思考，则可能无法独立地创新教学方法，只是简单地模仿其他学校和教师的教学模式，无法对学生传授真正有用的知识和技能。

（3）教研活动缺乏针对性，无法根据学生的特点和需求提供更具实际效果的教学方案。

音乐教师应该根据自己学生的特点和需求，来提出特定的教学方案。如果教研活动缺乏针对性，则教师可能无法在教学中灵活运用教学资源，无法提供适应不同学生需求的教学方案，从而导致无法提高学生的学习效果。

（4）可能导致教学资源和教学成果无法有效地共享和交流，影响教学质量和效果。

音乐教学资源和教学成果的有效共享和交流是提高教学质量和效果的关键。如果教研活动缺乏深度，这将导致教学资源和成果无法进行有效的共享和交流，其结果可能是不同学校的教师缺乏互相的支持，音乐教育的发展面临困境。

（5）教研成果无法帮助学生充分发展，尤其是在创作、演奏等方面的能力，无法激发他们的学习兴趣和热情。

教师的音乐教育教学理念和方法的创新是非常重要的。如果教研活动缺乏深度，教研成果无法帮助学生充分发展，无法创新教育教学方案，无法激发学生对音乐的兴趣和学习热情，这将严重影响到学生的学习效果。

（二）成因归纳

（1）教师缺乏深入的音乐教学理念和方法，可能是由于教育部门对音乐教育的政策和指导不够明确或对教育教学的专业培训不够专业导致。除了教育部门和教育机构的问题外，其实还存在一些其他的因素。例如，当前社会对音乐的重视程度不足，导致人们对音乐教育的投入和关注程度不够高。此外，很多学校对音乐教育的投入不够，甚至有些学校将音乐教育视为次要课程，将音乐教师边缘化，无视音乐教研的作用，这也直接影响了对音乐教研的重视度和参与度。

（2）参与教研的教师缺乏更深层次的思考和交流，可能是由于教研机构对教研活动的投入和培训不足、教师的专业水平不够高或教育研究领域的发展不足等。另外，音乐教师的个人素质和能力也是影响音乐教研内容不能深入的因素之一。一些教师可能并不喜欢或不擅长音乐，或者是对音乐教育缺乏热情和教育研究的意愿，导致他们缺乏对音乐教研的深入思考和理解，也无法为学生提供更优质的音乐教育。

（3）教研活动缺乏针对性，可能是由于教研机构对教研活动规划和指导不够明确或缺乏有效性，未能提供实际的教学场景和问题，导致教研活动难以针对性地进行；也有可能是教师个人专业技能和理念不够高超，可能由于缺乏实践经验或者缺乏高水平的教育培训和学习，导致教师在参与教研活动时难以针对性地学习；或者是缺乏对学科观点和个性化教学需求的关注，而导致教研活动缺乏针对性，难以为教师和学科的发展提供更好的支持。

（4）教学资源和教学成果无法有效地共享和交流。音乐教学资源和教学成果的有效共享和交流是提高教学质量和效果的关键，如果教研活动缺乏深度，这将导致教学资源和成果无法进行有效的共享和交流，其结果可能是不同学校的教师缺乏互相的支持，音乐教育的发展面临困境。这个问题可能是由教研机构的合作程度不够高、信息化应用不够或分配不公等原因导致的。教师对各自的教研成果比较保守，不愿意分享和交流。

（5）教研成果无法帮助学生充分发展，无法激发他们的学习兴趣和热情。教师的音乐教育教学理念和方法的创新是非常重要的，如果教研活动缺乏深度，教研成果无法帮助学生充分发展，无法创新教育教学方案、无法激发学生对音乐的兴趣和学习热情，这将严重影响到学生的学习效果。可能是由于教育机构对音乐教学和研究的投入不足、师资力量不够强大或者音乐教学中忽略了学生个性化成长和发展等。

音乐教研活动缺乏针对性的原因比较复杂，需要从多个方面加以解决。政府和教育机构需投入更多的资源和精力，提高教研活动规划的质量和效果；教师应不断提升个人专业技能和理念，积极参与教研活动，为教研活动提供更高质量的贡献。同时，对学生个性化需求的关注也是非常重要的，为教学提供所需的实践和共享资源，以更好地推进教育改革，提高教育质量。

（三）建议对策

针对音乐教研内容缺乏深度的问题，需要针对性地提出解决方案，在提高教师的教育素养和专业技能、细化教研议题和研究目标、建立多元化和有效的教研平台、强化教研反思和总结、并划分教研小组和任务分工等方面全面加以解决，以促进音乐教育的深入推进和全面发展。以下是个人的一些思考和建议。

1. 提高教师的教育素养和专业技能

教师在参与教研活动前，可以通过参加专业教育培训、阅读最新的音乐教育期刊、研究音乐教育领域的经典著作等途径，提高自己的教育素养和专业能力，为教研活动提供更深入的内容和研究思路。

2. 细化教研议题和研究目标

教研活动前，可以通过多方面的调研和分析，明确教研的研究目标和发掘出可研究的深入议题，同时需要针对性地提出问题，以便更有针对性地深入研究。

3. 建立多元化和有效的教研平台

学校需要建立多元化且有效的教研平台，鼓励教师互相交流和分享专业经验，激发教师参与教研活动的热情，促进音乐教育的深入发展。

4. 强化教研反思和总结

教研活动的后续，要及时总结教研成果并进行反思，找到教研活动中存在的问题和不足之处，及时调整教研目标并改善教研活动，不断完善教研质量和深度。

5. 划分教研小组和任务分工

教研活动的实施过程中，要清晰划分教研小组和任务分工，依据个人的兴趣和特长，将研究重点落实到不同领域和学科，从而提高教研成果的针对性和深度。

三、教研活动不够创新

音乐教研活动应该主要围绕音乐课程的开发和设计、音乐教学的研究、教师专业发展三个方面开展相关工作。但活动通常是相互借鉴，大同小异，没有很好地结合当地具体情况来创新性开展教研活动。

（一）问题表象

1. 缺乏新的思考和新的解决方案

缺乏创新性的音乐教研活动会导致教师们不再追求更新的教育理念和方法，无法针对音乐教育中的特殊问题提出新的解决方案。如果缺乏创新性，那么教师们在活动中只会被动接受既有的教学方式和方法，这种传统化的教学方法没有办法适应当今时代不断变化的音乐教育需求。

2. 教研缺乏吸引力

如果音乐教研活动没有创新性，那么教师们就会感到枯燥乏味，失去兴趣，甚至失去信心。在创新性强的音乐教研活动中，采用新颖、有趣、富有创意的形式和内容，能够激发教师的兴趣，并使他们保持关注和投入。

3. 无法推动音乐教育的发展

音乐教育是一个不断发展的领域，需要不断地寻找新的途径和探索新的理念。如果音乐教研活动缺乏创新性和深度思考，那么音乐教育不可能有质的飞跃和发展。因此，推动音乐教育的发展必须具备创新性和建设性。

4. 没有实质性的成果产生

缺乏创新性的音乐教研活动结果可能只是重复了过去已有的研究成果，没有产生实际的成果或者变化。如果音乐教研活动没有创新性，那么很难达到预期效果，不能更好地解决音乐教育中的问题，更难完善教学方法和理念。只有通过创新性的教研活动，才能够促进音乐教育的持续发展，实现长期可持续性的改革。

（二）成因归纳

结合上述的四种典型现象，考虑可能有以下几个原因。

1. 音乐教师的素养不足

一些音乐教师可能缺乏创新意识，不善于思考问题，也不了解新的教育理念和方法，这使得他们在音乐教研活动中缺乏新的思考和探索。另外，有些音乐教师忙于课堂教学和日常管理，没有足够的时间和精力去参加音乐教研活动，进而影响到他们的创新能力。

2. 参与教研活动有难度

一些音乐教师由于地理位置、交通等因素难以参加音乐教研活动，特别是一些偏远地区的音乐教师，他们无法接触到其他地方的音乐教育的先进经验和理念。同时，一些教育机构规定每年必须参加的教研活动，会使一些教师感到焦虑和压力，影响他们的学习和探索。

3. 教研活动的设计不合理

有些音乐教研活动可能只是简单的讲座或经验分享，缺乏对具体问题的深入探讨和分析。同时，一些音乐教研活动可能缺乏针对性，不能考虑到不同地区、不同年级和学生的特征，造成参与者无法真正获得实用的教育经验和方法。

4. 缺乏资源支持

一些音乐教研活动可能没有足够的预算和资源支持，无法吸引优秀的专家和学者来分享他们的经验和研究成果，也缺乏相关的技术设施和教学资源。这些因素限制了音乐教师对新颖的教育理念和方法的接触和应用。

（三）建议对策

（1）针对音乐教师素养不足的问题，可以加强他们的专业技能培训和交流互动。比如组织专题研讨、新方法分享、优秀教师讲座等活动，以提升音乐教师的创新意识和教育敏感性。

（2）为解决因地理位置而难以参加教研活动的问题，可以将音乐教研活动多样化，采用线上学习或者异地专家解答的方式来扩大参与范围。同时，有关机构可设立一定的奖励机制，以鼓励参与教研活动的教师。

（3）针对教研活动设计的问题，应根据不同需求、不同主题设置不同的教研内容，使得教研活动更加有针对性和实践性。同时也可以设置教研小组，开展横向与纵向的交流，进行多方位交流与合作，促进学科间的交流和融合实现。

（4）为解决缺乏资源的问题，应当加强与企事业单位的合作，组织专家学者的实地考察，多为教师组织参加学术研讨会、交流活动等，增加各类专业书籍、资料库的建设，并且可以从中选取真正适合音乐教学的资源技术，向教育部门申请经费支持。

四、教研只为追求科研成果

“教研只为追求科研成果”这个说法，主要是指在音乐教育教研过程中，一些教育工作者、教育机构或政府部门过分强调科研的结果，而忽视了对学生实际需求的探讨和满足。

首先，我们需要明确，音乐教育的核心目标是培养学生的音乐素养和审美能力。因此，在教研过程中，我们应该把学生的需求和实际情况放在首位，从而更好地促进学生的发展。

其次，科研和教研是相互促进的关系。科研成果的提出和运用，是以实践为基础的，而教研也需要科学的理论和方法作为支撑。因此，强调追求科研成果不仅过于片面，而且也不利于长期的教育事业发展。

最后，我们需要注意到，教育事业的成果与教师的教育能力和专业素养密切相关。因此，教育工作者需要注重自身的专业提升和教育能力的培养，这才是保障教育事业可持续发展的关键。因此，我们应该更加注重提高教师的专业素养和教育能力，而非仅仅追求科研成果。

由此可见，教研如果只为追求科研成果就过于片面理解教研了。在音乐教育教研过程中，我们需要更加注重学生的需求和实际情况，充分发挥科研和教研相互促进的作用，并通过提高教师的专业素养和教育能力，推动教育事业的可持续发展。一些教师认为只要发表一篇好的论文，研究完一个课题就算是完成了教研工作，为自己的成果沾沾自喜，但忽略了教研成果最后还是要真正应用到课堂和教学实践中去。

（一）问题表象

（1）音乐教育教研只是为了追求科研成果，使教育工作者可能会过于关注科研成果，而忽略了学生的实际需求和情况。这种做法可能会导致教育效果不佳，因为针对不同的学生，需要采取不同的教学方式或方法。而单一的教学方式或方法可能并不适用于所有学生，这就需要教育工作者根据具体情况进行调整，以达到最好的教育效果。

（2）音乐教育教研只是为了追求科研成果，使教育机构和政府部门可能会过于关注教育评估指标，而忽略学生主观感受和综合素质的培养。这种做法可能会让学生感到教育很功利化，只关注学生的考试成绩和课堂表现等方面。这样的做法可能会导致学生在知识面和人文素质等方面的发展不平衡，影响学生的综合素质。

（3）音乐教育教研只是为了追求科研成果，使教育工作者可能为了获取更多的科研成果或个人荣誉而出现抄袭和造假等不良行为。这种做法不仅有悖于学术道德，也会损害教育事业的声誉和发展。因此，需要强调学术道德和诚信意识，杜绝抄袭和造假等不良行为的出现。

（4）音乐教育教研只是为了追求科研成果，使教育工作者可能会忽视科研过程，注重科研结果。这样可能会导致教育工作者缺乏对音乐教育理论和实践的深刻思考和反思，从而无法真正促进专业成长和提高。因此，需要注重科研过程中的思考和反思，关注科研结果的同时，也要对科研过程进行深入探究，促进自身的成长和提高。

（二）成因归纳

以上四个突出现象都是因为对科研成果的过度追求和对科研成果的错误理解导致的。除此之外，还有其他因素影响，我们应该关注。

（1）在教育行政部门推行科学评价以及个人职称评定等制度的影响下，教育工作者往往面临着获取科研成果才能获得更多的资源和更高的职称的压力。这导致了一些教育工作者过度关注科研成果，而忽略了学生的实际需求和情况。音乐教育工作者在科研成果与教学实践之间要做到平衡，注重实践与理论相结合，将科研成果转化为教学质量提升的有效手段。

（2）当科研成果被作为评估音乐教育质量或音乐教师科研能力及标准的时候，这种评价方式很可能会引发教育工作者过度追求科研成果，而忽视学生的主观感受和综合素质的培养。要知道，科研成果只是评价教师教学水平的一个方面，它不能完全代表实际的教学效果。音乐教育工作者应该从多个角度评价教学质量，包括学生的艺术素养、思想品德等方面，并以培养学生全面能力为导向，重视学生的主观感受和自我认知。

（3）音乐教育工作者的学术失范往往是因为对科研成果的错误理解，认为高论文数量和论文发表在权威期刊上就能提高个人声望和评定职称。这种想法导致一些人不惜采取不道德的手段，包括抄袭、造假等行为。教育科研应该遵循科学规范和道德规范，尊重知识产权，注重原创性和实用性。在评价音乐教育工作者的科研成果时，也应该注重其学术自律和责任感，防止学术失范行为的产生。

（4）音乐教育工作者可能过度看重科研成果本身，而忽略了科研过程中的探究和发现过程。这种看法会让他们不再注重核心问题的探究，而更多地关注如何获得研究成果。科研成果只有在科研过程中不断探究和发现之后才会产生实际价值。音乐教育工作者应该注重科研方法和过程，推动科研成果的转化和应用，并注重科研成果的长期影响和实际效果。同时，也应该遵循学术规范，在科研过程中严守学术道德。

（三）建议对策

针对以上四点问题，可以采取以下具体策略。

1. 关注学生需求和情况

设立音乐教学内容与实际生活的联系，让学生对所学内容能够产生兴趣；多角度探究音乐教学质量，注意方法多样性，评估学生的艺术素养，包括审美感知能力、艺术表现能力、创意实践能力、文化理解能力等。

2. 平衡教育评估指标

建立科学合理的音乐学科评估体系，避免单一的科研指标影响教学质量。包括评比标准的设计、过程的制定等均需多方面参与；深化音乐教育改革，发挥多元化教育的特点，提高教育过程的效能。

3. 重视学术道德

完善学术规范的执行，加强对学术不端行为的惩处力度；推广学术诚信意识，注重培养学生自我认知和责任感，强化学术自律意识的建设；平衡教研和科研相辅相成的关系，学会在教研中形成科研意识，在科研中探索教研方法、策略和模式。

4. 注重科研过程

建立科研制度规范，加强科研项目管理，关注科研的过程和价值；支持跨领域合作，促进学科交叉的发展，推动音乐科研成果与音乐实践相结合。

五、教研成果缺少实践检验

教研活动的目的是提高教育教学的质量，而实践证明则是验证教研成果是否真正有效的重要手段。缺少实践证明意味着教研成果只是理论上的建议或想法，尚未得到实际课堂的实践和验证。这样的结果会导致教研成果难以被学校或教师接受和应用，也无法真正改善教学质量。因此，在进行音乐教研活动时，教师们应该注重实践证明的环节，通过实践检验理论的正确性和可行性。

具体而言，实践证明应包括实际课堂的教学效果、学生反馈、教师经验等方面的数据和信息。通过对这些实践数据的分析和总结，可以进一步优化教研成果，提高教学效果，创新教学方法。可以说，教研活动虽然能够提供理论支持和课堂实践指导，但如果不能得到实践证明，则难以真正落地和推广。

（一）问题表象

实践证明在音乐教研活动中非常重要。教师们应该注重实践证明的环节，通过实践检验理论的正确性和可行性，并让教研成果得到更广泛的应用和推广。只有这样，教研成果才能真正得到应用，并逐步推动音乐教育的发展。如果音乐教研活动缺少实践证明就会可能出现以下几种现象。

1. 教研成果难以被学校或教师认可和应用

教研成果需要通过实践证明才能得到广泛认可。只有在实践中，教研成果才能被验证其合理性、可行性，并看到具体的效果，从而得以推广和应用。如果缺少实践证明，教研成果将仅是纸面上的空话或者建议。这样对于学校或教师来说，很难相信这些理论或者尝试将其应用到自己的教学中。

2. 教研成果无法改善教学质量

教研成果的实际应用需要得到实践证明，如果缺少实践检验，则无法保证其改善教学质量的效果。如果教研成果没有得到实际应用和实践的测试，那么即便想要尝试应用，也很难保证教学质量的提升效果。

3. 教研成果难以得到迭代和优化改进

实践证明可以为教研成果的迭代和优化改进提供有力支撑。缺少实践证明，教研成果的优化和改进将变得更加困难。没有数据或反馈来证实教研活动的有效性，教师们将无从判断哪些改进措施是最为有效的。对于音乐教研活动来说，迭代和优化改进非常重要，因此缺少实践证明教研成果的发展可能会受到一定限制。

4. 教师的深度参与度不高

音乐教研活动需要教师深度参与，但如果教研成果缺少实践证明，教师对这些成果的认可度和参与度可能会降低。教师们可能会认为这些成果只是纸面建议，没有真正地经过实践验证。这将影响教师与教研团队进行更好的合作和交流，并阻碍整个团队的共同发展。

5. 教研活动难以得到学科的持续发展

教研活动的长期性发展需要实践证明来进一步验证教研成果，并优化改进方法。如果缺少实践检验，那么教研活动难以得到持续发展。因此，需要注重实践证明，并逐渐积累实践数据，把教研成果得以验证，并在实践中不断优化改进。

综上所述，音乐教研活动需要注重实践证明环节。只有经过实践验证，教研成果才能真正得到应用，并逐步推动音乐教育的发展。

（二）成因归纳

针对以上问题表象的分析，我结合文献查找和自身工作经历，从以下五个方面做了具体的原因剖析。

1. 教研成果难以被学校或教师认可和应用

这可能与教师们的观念有关。他们可能认为只有被证明过的方法才是可靠的，并且在时间有限的情况下，他们不愿意尝试新方法或理论。另外，学校管理层可能更注重教育成果评估的量化结果，对于教研成果的实际应用价值较少关注。

2. 教研成果无法改善教学质量

这个问题可能与教师未能正确应用教研成果有关。教师可能未能完全理解教研成果的含义或未能正确地将其应用到具体课堂中。此外，不同地区与学校之间存在差异，即使某些教研成果在某些地区得到了成功应用，但在其他地区的效果未必良好。

3. 教研成果难以得到迭代和优化改进

这可能涉及教研活动组织者自身的能力和经验。教研团队可能缺乏相关技能和方法，导致无法收集和分析实践数据，从而无法进行迭代和优化改进。此外，教研团队在组织时可能忽略了对实践数据的收集和分析，导致缺乏实践数据，从而减弱了教研成果的持续发展能力。

4. 教师的深度参与度不高

这可能跟教师们未能充分理解教研的意义和贡献有关，也可能与教育政策和学校文化有关。某些学校或地区的文化可能更加封闭，不鼓励教师参与教研活动。同样，教育政策对教师的考核方式有所影响，如果教研成果不被纳入评估范畴，则教师可能更少关注教研活动。

5. 教研活动难以得到学科的持续发展

这可能涉及教育部门的政策和投入问题。如果教育部门不重视和不支持教育研究，那么音乐教研活动可能无法得到足够的投入和支持，从而难以进行长期性发展。此外，各级政府对于音乐教研的重视程度不同，也会影响到其长期性发展。

（三）建议对策

（1）加强教师的教育理念和方法的转变，鼓励他们尝试新方法和新理论，同时提供充足的教研资源和支持。针对这一点，可以实施以下几项措施。首先，组织各类教育培训课程，为教师提供最新的教育理念和教学方法，使他们能够更快地了解和接受新理念和新方法。其次，还可以鼓励教师尝试新方法和新理论，提供支持和资源。学校可以建立一个支持教师尝试新方法的平台，提供这些方法的教学材料、案例分析及指导意见等资源，以帮助教师改进自己的教学方法。

（2）为教师提供更全面的教育培训，以帮助他们更好地理解、应用和评估教研成果的效果，并且为教师们提供更多的知识交流机会。为达到这一目的，可以开展集中化、个性化和网络化的培训方式。集中化的培训方式包括定期的教育培训班、专项培训课程和全员推广的研讨会等；个性化的培训方式包括为每位教师制订专业发展计划、提供一对一辅导等；网络化的培训方式则是建立学习社区，并为教师提供在线视频、案例分析、交流平台等资源，以便教师可以随时随地学习。

（3）强调教研过程中持续迭代和优化改进的重要性，加强教研成果的实践数据收集和分析，建设有效的审查和评估机制，保证教研成果的质量和可持续发展。从这一点，可以开展一系列措施，如规定教研成果实践标准、定期举行反思和整合会议，梳理教研成果，并进行系统性反思和总结。可建立责任制方案，监督各个教研小组，保证教研计划和时间表的顺利执行。

（4）加强教研团队的建设，鼓励教师充分参与和投入教研活动中，尤其是提供必要的经济支持和培养方案，在一定程度上激发教师的积极性。为达到这一目的，可以采取以下措施。首先，学校可以发展教研团队，在校内或跨校间形成较宽的网络，以便组建出更多专业化的小组。同时，也要给予教师必要的经济支持和培训方案，以激发教师的研究兴趣和积极性。此外，学校还可以加强对教研团队的管理和监督，确保各个小组之间的交流与合作。

（5）加强教研活动的宣传和推广，通过政策和经费的支持确保教研活动的连续性和影响力，同时加大对教研结果的宣传力度，确保教研成果得到学科的持续发展和应用。在这方面，学校应该加强宣传教研成果的力度，并且把成果向外界发布，进行推广。同时，学校还应该制定有关政策和经费的规章和文件，特别是坚持将教研经费专项化、透明化。最后，学校可以通过与其他学校和相关单位的合作，促进教研成果在学科领域的持续发展和应用。

六、教研成果难以推广

音乐教研成果是音乐教育领域中，通过实践、研究和验证得出的具有普遍适用性、具有一定创新性和实用性的理论、方法和手段。这些成果可以来自学者、教育工作者、研究人员、专家学者及学生等不同领域的专业人士，包括教育心理学、音乐学、教育技术、教育管理等多个学科。

这些音乐教研成果包括但不限于教学大纲、教材、教学科研指南、教学评价标准、教学手册、教学示范视频、教育技术软件及其使用手册等教育教学资料。这些成果旨在为音乐教育工作者提供有用的教学、管理、研究和实践帮助，进一步推动音乐教育的发展和提高音乐教学质量。有时候虽然教研活动本身具有一定的研究价值和实践意义，但由于教研成果难以推广，很多优秀经验无法得到充分的应用和推广。

（一）问题表象

1. 没有成果转化意识

很多音乐教育工作者缺乏将研究成果转化为实际应用的意识，使得研究成果难以得到真正的推广和运用。这种情况可能存在于各级教育机构、研究机构和音乐教育从业人员中。首先，研究者缺乏与实际应用场景的联系，从而降低了成果的可操作性；其次，技术不够成熟，无法实现有效的转化，或者转化过程需要大量资金和资源；再次，机制不够完善，缺乏专门的人才和机构来负责转化和推广教育成果；最后，教育工作者、学生和家长对于新成果的接受度和认可度较低，导致应用难度较大。

为了提高教育领域的成果转化意识，各级教育机构应该积极建立与产学研结合的机制，加强对教育科研成果的评估、转化和推广，同时加强与行业界的协作，将研究成果实际运用到教育实践中去。此外，研究者也应该在研究过程中注重实际应用需求，提高研究成果的实用性与可操作性。

2. 缺乏有效的宣传渠道

很多音乐教育工作者发现了有用的教研成果却没有一个合适的渠道能够让他们将这些成果广泛宣传和推广。这种情况同样存在于各级教研机构、研究教师和音乐教育从业人员中。造成缺乏有效的教研成果宣传渠道的原因可能有以下几点。首先，教研机构或学校未能提供一个专门的平台来发布和分享教研成果；其次，学术界没有一个统一的出版机构或渠道，无法将研究成果广泛传播；最后，音乐教育从业人员缺乏知名度和影响力，难以将研究成果传播到更广泛的受众中去。

为了解决这种情况，教研机构、研究教师和音乐教育从业人员可以建立与实际应用场景联系密切的教研成果宣传平台，如学术期刊、教育网站、教育论坛等；利用社交媒体等新媒体平台进行宣传推广，如微信公众号、抖音、知乎、微博等；积极参加学术研讨会、教育展览会等活动，向同行和专业人士介绍自己的教研成果；进一步加强与行业界的合作，将研究成果实际运用到教育实践中去，提高研究成果的知名度和影响力。

3. 个体差异性较大

音乐教育本身就是一门艺术，而艺术是充满个体差异的。相对于其他学科，音乐更注重个体差异性，教学方法和手段也需要因人而异，很多音乐教研成果都是特定场合的实验结果，未经过系统验证，不具有可复制性。例如，针对不同的学生，需要采用不同的教学方法和手段。这也意味着一些成功的教研成果可能只适用于特定的学生个体或场合，无法在其他环境中被简单地复制和推广。因此，音乐教育的教研成果很难被系统地验证和证明其有效性，这是一个相对困难的问题。

此外，音乐教育所涉及的技巧、方法和理念十分丰富和复杂，其教学过程具有高度的艺术性和创造性，这也增加了教研过程的难度。同时，音乐教育也受到许多社会因素的影响，如文化背景、地域特点、学生特点等，这些因素也会对教育成果的推广产生挑战。但音乐教育者们仍需要不断努力研究。

我们在音乐教育实践中应更加注重个体的差异性，充分尊重学生的个性，采取因材施教的教学方法，让每个学生都能得到适宜的教育，提高教育效果。在音乐教育科研中，应该提高研究的科学性和可靠性，加强实证研究，建立符合科学规范的研究体系，确保研究成果的有效性和可信度。加强音乐教师的培养和专业发展，提高他们的教学水平和研究能力，让他们能够运用先进的理论和技术，灵活运用教学方法和手段，以更好地满足学生不同水平和需求的要求。

总之，音乐教研的创新和发展需要多方面共同努力，建立更加科学、规范、有效的教育体系，充分发挥音乐教育的艺术性和个性化特点，使其更好地服务于个体的学习和成长。

4. 受传统教学模式影响

传统教学模式可能对音乐教育的教学方法和手段形成某种惯性，使得教师们较难接受新的教学方式和成果。这种惯性思维会限制教育者们的思维方式和教学方法，阻碍他们对音乐教育教研成果的接受和应用，从而导致教育成果难以推广。此外，传统教学模式可能与不同的音乐教育要求不匹配，其所依据的教育理念和方法并不适用于现代音乐教育，也会对教育成果的推广产生阻碍。因此，对于任何一门学科的教育，都需要开放思维，认真研究和探索新的教育方法和手段，才能够不断地提高教育质量和水平。

需要说明的是，传统教学模式可能会对教师的思维方式和教学方法形成某种惯性，但并不是制约教育成果推广的唯一因素。是由于多种复杂因素的综合作用所致。要解决这个问题，需要从多个方面进行努力。除了上面提到的音乐教育者们需要注重个体差异性外，还要探索针对不同学生的有效教学方法；需要不断研究和探索新的教育理念、方法和手段，同时也需要关注社会文化背景、地域特点、学生特点等因素，以便更好地应对教研成果推广面临的挑战。

5. 资金投入不足

资金投入是影响教育教研成果推广的重要因素之一。推广音乐教研成果需要投入大量的人力、物力和财力，但很多学校和教研机构在资金方面存在不足，无法承担这些费用。

首先，缺乏资金投入可能会导致教育教研成果无法得到充分的宣传和推广。宣传和推广是教育教研成果推广的重要手段，需要投入一定的资金来支持。可能会导致教研成果无法在广大教育者和学生中得到广泛的关注和认可，从而影响它们的推广效果。

其次，缺乏资金投入可能会阻碍音乐教育者们对新教学方式和手段的接受和实践。教育者需要不断地更新自己的教学理念和方法，以满足新时代不同学生的需求。然而，这些新教学方式和手段的实践可能需要一定的资金支持，如教学设备的购置、培训课程的开展等。如果缺乏资金投入，教育者们可能会面临一定的经济负担，从而影响他们对新教学方式和手段的接受和实践。

最后，缺乏资金投入也可能会影响教育教研成果的深入推广和实践。教育教研成果需要在实践中不断完善和发展，才能真正地为学生带来益处。然而，教育教研成果的实践往往需要一定的成本支持，如实验室设备的购置、教师的工资报酬等。如果缺乏资金投入，可能会导致教育教研成果无法得到充分的实践和深入的推广，从而影响它们的有效性和可持续性。

综上所述，资金投入不足是教育教研成果难以推广的一个重要原因。地方政府要积极作为，以教育为“一把手”工程，给当地教育发展注入充足的资金。同时，教研机构和音乐教育者们也需要注重教育教研成果的有效性和可持续性，以达到更好的教育效果。

（二）成因归纳

音乐教研成果难以推广的成因可以归纳为以下几点。

1. 传统观念的束缚

一些人仍然认为音乐只是一种艺术表演，对于其作为教育学科的地位仍然存在一定的争议。这种传统观念的束缚使音乐教育的教研成果难以得到足够的肯定和认可。

2. 艺术性和实用性之间的平衡

音乐教研成果往往涉及音乐教育的艺术性和实用性的平衡问题。一些研究成果可能比较偏向于艺术性，而在实际的教学中不太好操作和运用；有些研究成果则可能过于注重实用性，而使得音乐教育的艺术性被忽略。

3. 师资水平不足

音乐教研成果得到更好的推广需要由高素质的音乐教师来落实，但是由于音乐教育领域的复杂性和专业性，目前的音乐教师队伍在整体素质上还存在着一定的差距。这就导致了一些音乐教研成果难以落实到具体教学中，难以有效地推广。

4. 教学资源的匮乏

音乐教育需要大量的教学资源支持，如各种乐器、录音设备等。但是，由于教育公共资源不足，很多学校的音乐教育教学资源仍然十分匮乏，这为音乐教研成果的推广带来了很大的限制。

5. 推广渠道的狭窄

音乐教研成果的推广往往只能通过专业领域内部的机构和组织来实现，其推广渠道受到了一定的限制。此外，音乐教育行业的工作性质也使得一些音乐教研成果难以传播到普通人群中。

综上所述，音乐教研成果难以推广的原因是比较复杂的，并且涉及很多方面的问题。要解决这些问题，需要逐步打破传统观念的限制，注重艺术性和实用性之间的平衡，提高音乐教师的素质水平，扩大音乐教育的教学资源，拓宽音乐教育教学成果的推广渠道，等等。

（三）建议对策

要解决音乐教研成果难以推广的问题，需要各方面共同努力，从多个方面入手，逐步实现音乐教育的现代化和规范化，为培养更多优秀的音乐人才做好准备。

1. 打破传统观念的束缚

建立音乐教研在教育学科体系中的地位，加强公众对音乐教研价值的认知，这需要全社会共同努力。具体措施包括：在教育法规和政策中明确音乐教育的地位，将其作为一门必修课程列入学校教学计划，开足开齐国家音乐课程。在音乐教育中注重素质教育，培养学生的审美能力、综合素质和人文精神，这样更容易得到家长、学生和社会的认可。举办教育宣传活动，利用媒体宣传音乐教育的优势和价值，提高公众对音乐教研的认知度和重视程度。

2. 平衡艺术性和实用性

制订合理的教学目标和教学计划，注重基础教育和素质教育相结合，让音乐教育既有实用性也有艺术性，使其更加符合现代社会需要。具体措施包括：制订科学合理的教学大纲和教学计划，强调音乐教育的综合性和整体性，注重培养学生的审美能力和创造能力。让学生在学习音乐知识和技能的同时，了解音乐文化和历史，扩大他们的音乐视野和文化层次。加强与社会的对接，引导学生将所学知识和技能应用到日常生活和工作中，提高音乐教研成果的实际应用价值。

3. 提高音乐教师的素质水平

加强音乐教师的职业培训和专业发展，鼓励教师参与音乐教研活动，提高他们的教学能力和水平。具体措施包括：开设专业培训课程、举办讲座和研讨会等；提高音乐教师的专业素养和教学能力。针对不同学段、不同课程设置专业的教学标准和教学大纲，引导音乐教师针对不同的教学内容和学生群体进行教学设计和实施。建立音乐教育的评价标准和考核机制，促进音乐教师的规范化和专业化发展。

4. 扩大音乐教育的教学资源

加大对音乐教育的投入力度，提高音乐教育经费的保障，促进音乐教育设施和器材的完善，推广音频教学、在线教学等新型教学模式，为音乐教研成果的实施提供更好的保障。具体措施包括：增加音乐教育的经费投入，提高音乐教育资源的配置和使用效益。建设一批音乐教育示范基地，提供先进的音乐教学设施和器材，为音乐师生提供良好的学习和实践环境。推广新型教学模式，提高音乐教学的互动性和趣味性，更好地激发学生的学习兴趣和积极性。

5. 拓宽音乐教育教学成果的推广渠道

加强音乐教研成果的宣传和推广力度，建立起专业的宣传和推广机构，利用各种媒体对音乐教研成果进行宣传，鼓励学校和社区积极开展音乐教研宣传活动，提升音乐教育的知名度和影响力。具体措施包括：建立专业的音乐教育宣传机构，制定科学的宣传策略和方案，建立完整的宣传渠道。加强与各级教育行政部门、学校、社区等机构的合作，共同开展音乐教研宣传和推广工作，提升音乐教育的社会知名度和影响力。利用各种媒体资源，如电视、报纸、杂志、互联网等，广泛宣传音乐教研成果和教学成果，激发公众的关注和兴趣，促进音乐教育的普及和发展。

第四节 音乐教研如何创新

音乐教研与实践创新有密切的关系。音乐教研是对音乐教育过程中的问题、难点进行系统化研究和深入探讨的一种学术活动，旨在提高教师的教学水平和促进音乐教育的发展。而实践创新则是从已有的知识和资源中创造出新的方法、产品或服务的过程。因此，在音乐教育领域，音乐教研应当与实践创新相结合，共同推动音乐教育事业的发展。

具体来说，音乐教研可以为实践创新提供理论和实践基础。通过对音乐教学的系统研究和分析，在教材编写、课程设计、教学方法和评价等方面提出新的思路和方式，为音乐教育的创新提供了前瞻性的理论指导。同时，教师在实践过程中也可以不断地进行创新尝试，通过创新的方式不断提高教学质量，激发学生的学习兴趣，达到更好的教学效果。

此外，实践创新又可以促进音乐教研的质量提升。教师在实践创新的过程中，会发现更多的问题和难点，这些问题的解决需要对音乐教学过程进行更深入的分析和研究，从而促进了音乐教研的深入发展。

因此，音乐教研与创新的关系是相互依存、相互促进的，二者共同推动着音乐教育事业不断向前发展。具体可以从以下六个方面来论述。

一、教研目标创新

（一）为什么教研目标要创新

音乐教研活动需要进行教研目标的创新，是因为教研目标是评价教研质量和成果的重要标准，它能够引导音乐教师在教研活动中更好地发挥其主体作用，加之音乐教研应该从纯技艺培训向更加多元的培养目标转变。

要理解教研目标创新是音乐教育工作者必须要做到的重要事情，还是有必要了解教研目标创新的几个重要意义。

1. 促进教师教学水平的提高

教研目标的创新可以让教师们不断尝试和改进教学方式和方法，通过自我反思和教学实践，不断提高教育教学水平。这样可以有效提高教师的工作质量和能力，从而更好地满足学生的需求和促进他们的成长。

2. 适应教育发展潮流

随着时代和社会的变化，教育理念和方法也在不断更新和变革。教研目标的创新可以让教师们紧跟时代和社会的发展潮流，掌握最新的教育理念和方法，更好地适应新时代的教育需求。

3. 促进课程改进和教育教学研究

教育教学改革需要不断推动和配合，而教研目标的创新可以促进课程改进和教育教学研究的深入开展。教研目标的创新能够促进教师们对教育教学领域的深入思考，帮助他们更好地掌握教学规律和提高教学质量，推动教育教学改革取得更加优异的成绩。

4. 提高学生的学习效果和质量

教研目标的创新可以帮助教师们更加科学、灵活地制订教学计划，通过优化教学设计、多样化教学方法、个性化教学，提高学生的学习效果和质量。同时，教研目标的创新也能够激发学生的学习兴趣，增强他们的自主学习能力，从而为学生未来的发展奠定良好的基础。

（二）教研目标如何创新

教研目标的创新需要从以下几个方法入手。

1. 立足实际，解决实际问题

教研目标应该紧密围绕音乐学科和音乐教师个人的实际需求展开，结合所在地区、教师群体的特点，解决实际问题。组织教研的机构和负责人要和音乐教师们取得沟通，了解他们对音乐教育的需求和期望，同时也要结合自身教研经验和能力，进行创新性的思考。

2. 吸收新知识和教育理念

教研目标需要与时俱进，吸收新知识和教育理念，跟随教育发展的潮流，了解最新的音乐教育研究成果和先进的教育模式和方法。这不仅是一种方法，更是一种意识。

3. 利用科技手段和多媒体资源

随着信息化时代的到来，音乐教育已经开始向数字化、网络化、智能化转型。因此，教研目标的创新需要利用科技手段和多媒体资源，如网络直播、音乐软件、多媒体教学资源等，以更加高效和生动的方式传达知识和技能，激发学生的学习兴趣和学习能力。

4. 不断尝试和改善

教研目标的创新需要不断尝试和改善，尝试新的教学方式和方法，从实践中寻找切实可行的方案。同时，教师们还应该注重教育反思，及时总结教学经验，发现不足之处，进一步完善和改进教学模式和方法。

创新是教研目标的重要方向，教师们需要在实践中探索和尝试，积极吸收新知识和教育理念，利用科技手段和多媒体资源，不断完善和改进自己的教学方法和技能，为学生提供更加优质、高效、有趣的音乐教育。

（三）教研目标创新的策略

音乐教研目标的创新不是要求教研管理者需要独树一帜或是玩出新花样，跟别人与众不同，其实还是有一定的策略可循。

1. 要深入探讨音乐教学理念

为了提高音乐教研目标的创新，需要深入探讨音乐教学的基本理念。可以通过研读相关文献、参与教育培训、观摩教学等方式，了解不同的教学理念和方法，并选取适合自己的方法。同时，还需要根据不同学生的特点，从不同角度出发，设计适合该群体的音乐教研。

2. 引领音乐教学新模式

随着信息技术的发展以及时代的变迁，音乐教学新模式也应运而生。可以融入多媒体、互联网技术等，设计多样化的教研手段，如在线教研、录制教学视频分享、开设线上音乐会等。这些创新教研模式将有利于吸引更多老师的兴趣，影响音乐教研目标的制定。

3. 发挥教师的教研智慧

教师是音乐教育的重要组成部分，他们的素质和教学能力对音乐教研和音乐教学质量影响巨大。同时，他们来自一线，清楚学校、教师、学生、课堂需要什么，需要怎么样。特别是年轻教师具有创新思维，想法独特。所以，我们应当鼓励和支持教师参加各种培训及学术研究活动，并尊重他们的教研想法，提高他们的教研参与度，从而推进音乐教研目标的创新发展。

4. 加强团队合作与交流

音乐教研是一个相对封闭和个体化的教育领域。因此，加强团队合作和交流是推进音乐教研创新的重要方法。可以开展跨区域音乐教育研讨会，组织跨区域课题研究，邀请专业人士进行跨区域听课指导等方式，共同探讨音乐教研的最新实践与方法，这样才能对本区域的教研目标创新有新的启示。

总之，只有不断地推进音乐教研，让音乐教研目标创新更趋于科学与合理，才能更好地融入现代社会的教育大环境。

二、教研内容创新

中小学音乐教研内容要特别关注学生、学科课堂教学和教师教育教学，通过不断的思考和实践，来提高音乐教育的质量和水平，服务于学生的全面发展。

（一）从教师、学生、教学三个维度设计音乐教研活动的内容

1. 教师维度

（1）教育理念和教育方式。教师可以在进行音乐教研活动时分享自己的教育理念和教育方式，探讨如何在音乐教育中更好地实现这些理念和方式。

（2）教学技巧和方法。教师可以在进行音乐教研活动时分享自己的教学技巧和方法，如如何有效地引导学生、如何调动学生的兴趣等。

（3）教材研究与课程设置。教师可以对音乐教材进行研究和分析，为学生定制更符合他们需求的课程。

（4）团队协作和教育管理。音乐教研活动的组织和参与可以加强教师之间的团队协作和沟通，同时也能促进教育管理水平的提高。

2. 学生维度

（1）知识学习和技能培养。通过探讨音乐教育目标和课程设置，音乐教师可以帮助学生更好地掌握音乐知识和技能，并提高学生的音乐素养。

（2）兴趣培养和情感教育。音乐教师可以就如何帮助学生培养音乐兴趣和情感、增强他们的艺术气质和审美情操进行内容设计。

3. 教学维度

（1）教学资源共享和研发。教学资源的共享和研发既有助于建设更完整的教研体系，也为教师提供了更多的教学工具和素材。

（2）教学新技术和教育科技。在现代化的教育环境下，针对新的教学技术和教育科技应用，如多媒体课件、音乐软件等开展内容设计，以便更好地指导自己的教学活动。

（二）创新方式

1. 教育科技的应用

通过开发、使用教育科技，如虚拟乐器、互动媒体等，引领音乐教育的未来，提高学生对音乐的理解和表达能力。

2. 利用社交平台

利用网络社交平台，建立音乐教师和音乐学生的社群，让更多的人分享音乐教学资源，增加互动和沟通，创造更多的教学机会。

3. 音乐文化融合的创新

将不同国家、不同民族的音乐文化创新融合，可以通过这种交错的方式，让学生感受到音乐的多元性和包容性，同时也可以促进学生的跨文化交流和了解。

4. 科学化音乐教育

进行音乐教育研究与实践，将人工智能技术和大数据技术与音乐教学相结合，使得音乐教育更具科学性，为学生提供更好的听觉体验、个性化教育和评估服务。

5. 创新课堂设计

通过创新课堂设计，打破传统的教学模式和方法，创造与孩子们的身心发展相匹配的音乐教育，以满足学生不断变化的需求。例如，在音乐教学中结合游戏设计思路，让学生在愉悦的氛围下学习音乐。

（三）教研意义

音乐教研内容创新是为了对学生有深入研究，对学科教学有深入理解，对教师专业发展有深远意义。

1. 提高音乐教学效果

随着技术和社会环境的变化，音乐教学的需求也在不断改变。通过音乐教研内容的创新，可以更好地满足学生的需求和期望，提高音乐教学质量。

2. 激发学生的兴趣和创造力

音乐教育应该是一种愉悦的体验，通过音乐教研内容创新，可以引导教师打破传统教学意识，更能激发学生的兴趣和创造力，让他们更主动地参与音乐学习，培养他们的音乐素养和创造性思维。

3. 推动音乐教育科技化、智能化

音乐教研内容创新可以激发教育科技的应用，如开发音乐教育APP、虚拟音乐教具等，实现音乐教育科技化、智能化，为学生提供更加便捷、丰富的音乐学习体验。

4. 促进跨学科融合

《义务教育艺术课程标准（2022年版）》指出，音乐要突出课程综合，既包含姊妹学科的内部融合，也包括学科之间的外部融合，教研内容就可以以跨学科为主题。以跨学科融合为主题的教研内容是积极回应艺术课程标准理念的创新做法。让音乐老师们养成这种意识，并在自己的教研教学实践中落实。

5. 提升音乐教师的专业水平

音乐教育是一门高度专业化的学科，音乐教师的专业水平关系到音乐教育的质量。通过创新音乐教研内容，可以促进音乐教师的专业成长和进步，提升他们的教学水平。

三、教研手段创新

音乐学科教研手段要富有创新性，并适应新时代教育的发展。音乐教师需要不断地探索和尝试，借鉴其他领域的创新技术，注重将多种手段进行有效整合，以更好地促进学生的音乐素养和人文素养的提高。

（一）从哪些方面去创新

1. 利用教育技术来创新

随着数字化时代的到来，教育技术已经成为音乐教育的重要工具。例如，通过使用多媒体、智能白板、远程教学等技术，在课堂上呈现高清晰度的影像和声音资源，促进学生对音乐知识的更好理解和掌握。

2. 借助教学大数据创新

音乐教师可以利用教学大数据分析技术，了解学生的学习情况和进展，及时采取措施，调整教学策略，提高教学质量，以此来创新教研。

3. 通过独特的音乐教学法创新

在教研活动时，可以针对不同的年龄和级别的学生采用不同的教学方法进行研讨，并善于创新，寻找出更适合学生的教学方式，激发学生对音乐的兴趣和热爱。

4. 线上与线下相结合去创新

线上和线下相结合的教研方式，可以发挥自身的优势，相互弥补不足，使得教研效果更为优秀。线上平台可以提供方便快捷的交流，教师可以使用社交软件、学习平台等工具进行教研讨论，分享教学经验和策略，获取其他教师的反馈和建议。线上平台可以提供更加灵活的课程设置和资源共享，通过在线课堂教学，教师可以为学生提供更丰富多彩的教育体验。又或者是，教师可以将自己的课程录制形成视频资源，供教师在线观看和学习。这种方式可以让学生在任何时间和地点，都能够随时获取课程内容，提高学习的灵活性和自主性。线上与线下相结合的教研方式既可以发挥线上平台的高效便捷性，又可以弥补线上教学缺乏互动和交流的不足，更好地推动教学改革和提升教学效果。

（二）怎么样去创新

教育技术为音乐教育提供了广阔的空间和更多的可能性，以下是一些如何利用教育技术创新音乐教研活动的建议。

1. 如何利用教育技术来创新音乐教研活动

（1）教育软件和教学应用程序

利用教育软件和应用程序，音乐教师可以创造出各种虚拟场景，呈现出音乐演奏、合唱、编曲等场景。在这样的虚拟场景中，学生可以通过操作软件来实现音乐教学的目标。

（2）云视频教学平台

云视频平台除了提供课程资源外，也可以支持音乐教学的直播和音乐会的在线直播。老师和学生可以在这个平台上进行教研交流和讨论，还可以推动音乐教育的跨区域交流和合作。

（3）数字化乐器教学

数字化乐器是目前较为热门的音乐教育领域之一，可以模拟出各种乐器的声音和演奏方法，让教师和学生掌握乐器演奏的技巧，而且还可以实现音乐教学和表演的融合。

（4）科技创新音乐学材

科技创新的音乐学材与传统的纸质学材不同，它可以通过动画、图像、音频、视频等多媒体展示，激发学生兴趣和好奇心，促进学习效果。

（5）个性化教育

教育技术还支持个性化教育，根据学生的不同背景、需求和能力，为每个学生量身打造一个特定的音乐课程。这种教育方法可以使教学更加精准和高效。

总之，教育技术的应用可以使音乐教研手段创新更加科学和高效，辅助音乐教研。

2. 如何借助大数据来创新音乐教研活动

大数据技术可以帮助音乐教研活动更加智能化和个性化，以下是一些如何借助大数据来创新音乐教研活动的建议。

（1）音乐学习和评价的数据统计

通过对学生音乐学习和表现数据进行统计与分析，掌握音乐学习状态与模式，以及不同层次的学生表现差异。利用这些数据，可以为教师提供更多的教学策略，优化教育资源分配，提高学生成绩。

（2）多媒体学习和表演数据统计

对音乐学习、表演过程中多媒体的使用情况进行数据统计，分析不同学生的多媒体使用行为，深入了解学生心理需求，为教师提供更好的指导方案，以及音乐教材的完善与改进。

（3）人工智能辅助教育

音乐教育中常见的弱势环节是识谱，这需要教师的反复演示和检查。但是，现在通过人工智能技术的图像识别和数据分析，可以实现自动识谱，为学生提供更便捷的学习体验。

（4）科技创新音乐教学教材创新

大数据技术可以分析当前教材的不足之处，完善和改进教材的内涵和外在表现形式。同时，也可以根据学生个性化需求提供更适合的课程和教材，促进音乐教学的个性化和智能化。

总之，利用大数据技术可以为音乐教育提供更多的数据支持和深入分析，为教师和学生提供更好的教学资源和学习体验，以推动音乐教育的创新和发展。

3. 如何通过独特的音乐教学法来创新音乐教研活动

通过采取不同寻常的音乐教育方法，可以创造出更为独特的音乐教育体验，激发学生的学习兴趣和潜能，并提高音乐教师对音乐教学和研究的成效。

（1）融合多元艺术元素

将音乐与其他艺术形式如舞蹈、戏剧、美术等进行融合，创造出更为独特、全面的音乐教育体验。例如，可以通过跟舞蹈老师共同合作，将音乐和舞蹈相结合，更好地展现音乐的节奏和意境。

（2）借助科技手段

当代科技手段不断发展，可以使用科技手段来创新音乐教研活动，例如用虚拟现实技术让学生置身于音乐场景中，或者使用人工智能技术来辅助学习和评估等。

（3）以实践为主导

让学生和参与者亲身参与到音乐教育体验中，让他们亲手制作简单的乐器，参与音乐游戏或竞赛等活动，以此来培养他们对音乐的兴趣和爱好，提高他们的表现力和自信心。

（4）创新教学方式

探索新的教学方式和教材，例如使用游戏化教学模式、情境教学法、让学生进行音乐即兴创作，或利用音乐教材的多样性和交互性来提高学生的学习效果。

4. 如何通过线上与线下相结合去创新音乐教研活动

（1）利用互联网平台

可以使用在线音乐教育平台，如YouTube、网易云、QQ音乐等，让教师可以随时随地学习和分享。同时，可以借助社交媒体平台如微信、微博等开展线上音乐分享、讨论、交流等活动。

（2）线上教学和线下实践相结合

可以通过线上教学授课，同时线下实践演奏、合唱等活动，如在线上发给教师或学生乐谱、教学视频，然后组织教师或学生在线下进行合奏或演唱。

（3）创造多元的学习环境

可以让教师或学生通过线上自主学习音乐知识，通过线下的课堂教学和演奏实践加深对音乐理论知识的理解和应用。

（4）利用虚拟现实技术

可以借助虚拟现实技术创造出更为生动、震撼的音乐教研体验，如让教师或学生在虚拟现实场景中演奏、合唱、教学。

总之，通过线上与线下相结合，创造多元、富有创意的音乐教研活动，可以让教师和学生在丰富多彩的音乐教育环境中获得更为全面、深入的音乐素养。

四、教研方式创新

教研方式是教育工作者在教学过程中，采用不同的方法和手段，对教学进行系统性、科学性、实践性的研究和探索。教研方式涉及教师的教学设计、教学实施、教学评价等多个环节，旨在提高教学质量和效果，促进教育教学改革和创新发展。

音乐教研方式是一种有益的教育教学活动，可以促进教师之间的互动交流，提高教师的教学水平和专业素养，为学生的成长和发展提供更好的教育服务。

（一）常见的音乐教研方式

1. 教学观摩

教学观摩是一种常见的音乐教研方式，它可以促进教师之间的交流和互动。教师们可以相互到对方的课堂上进行观摩，并进行交流和反思，从而发现自己的不足之处，汲取其他教师的教学经验和教学技巧。同时，通过观摩，教师们还可以了解其他教师的教学方法、教学技巧以及教学经验，并进行实时的交流和反思，对自己的教学进行调整和改进，从而汲取有益的教学经验和灵感，反促自己的教学。

2. 研讨会

研讨会是一种集体性的音乐教研方式，它可以让教师们就某个具体的教学问题进行深入探讨和交流，从而共同寻找最佳的解决方案。

在研讨会上，教师们可以分享自己的教学经验和教学技巧，提出自己的疑问和困惑，共同寻找最佳的解决方案。研讨会的形式可以灵活多样，可以是小组讨论、专题报告、座谈会等，旨在促进教师之间的互动和交流。

3. 教学反思

教学反思是一种个人性的音乐教研方式，它可以促进教师个人的成长和发展。通过记录自己的教学过程和反思，教师们可以发现自己的不足之处，总结自己的经验和感悟，提高自己的教学能力和专业素养。教学反思的形式可以是日志、博客、教学笔记等，记录自己的教学过程和反思，与其他教师分享自己的经验和感悟，旨在让教师更好地了解自己的教学情况，及时调整和改进自己的教学方法，提高教师的教学能力和专业素养。

4. 课题研究

课题研究是一种深入性的、学术性的音乐教研方式，它可以让教师们就某个具体的教学问题进行系统的研究和探讨。在课题研究中，教师们可以制订研究计划、收集资料、分析数据、撰写报告等，从而提出自己的独特见解和解决方案。课题研究可以促进教师的专业成长和发展，提高教师的教育教学水平，为学生的成长和发展提供更好的教育服务。

（二）音乐教研方式应该如何创新

教学观摩、研讨会、教学反思、课题研究是音乐教研活动中常见的方式和方法，可以帮助音乐教师不断提高自身的教学水平和能力。同时，在进行教研活动时，创新是非常重要的，下面就分享几个如何创新的做法。

首先，在教学观摩方面，可以采用现代化的观摩方式，如通过视频、网络等多种形式，将教学过程呈现给其他教师观看，同时可以加入互动环节，让观摩者提出问题并进行讨论，从而促进交流和学习。

其次，在研讨会方面，可以尝试采用小组研讨的方式，让每个小组负责一个具体的教学主题或问题，并进行深入研究和探讨，最后分享研究成果。另外，可以邀请专家学者或行业领袖参与研讨会，为教师提供更丰富的知识和经验。

再次，在教学反思方面，可以采用多种方式进行反思，如写日记、进行教学录像回放、开展小组讨论等。同时，可以引入心理学、认知科学、教育学等相关知识，帮助教师深入反思和分析自身教学中存在的问题，并寻找解决方案。

最后，在课题研究方面，可以尝试将现有的课题研究与教学实践相结合，以实践为基础，探索教育问题的解决方案。同时，可以鼓励教师开展创新性的课题研究，如探究新的教学方法、评价方式等，为教育事业的发展做出更大的贡献。

总之，教学观摩、研讨会、教学反思、课题研究是教研活动中非常重要的方式和方法，创新是推动教育事业发展的必然要求。我们音乐教师也应该不断探索创新的教研方式和方法，以提高自身教学水平和能力，为培养优秀艺术人才做出更大的贡献。

五、教研管理创新

音乐教研管理是对音乐教学研究工作进行计划、组织、协调、指导和监督等方面的管理工作。音乐教研管理的目标是提高音乐教师的教学水平和音乐教育教学质量，促进音乐教师之间的交流和合作，推动学校音乐教育的发展。

音乐教研管理的主要内容包括音乐教学研究计划的制订、音乐教研活动的组织、音乐教学研究成果的评价和推广、音乐教师培训和指导等。

音乐教研管理需要充分发挥音乐教研组织的作用，建立科学的管理机制和评价体系，不断完善音乐教研管理的方法和手段，以提升学校音乐教学的水平和整体素质。此外，音乐教研管理还需要加强与社会各界的联系，开展音乐教育实践活动，促进音乐文化的传承和发展。

（一）为什么要进行音乐教研管理创新

音乐教研管理创新鼓励采用新的思路、方法和策略，是以提高效率、优化资源配置、增强创新能力、创造更大价值为目的的一种行为。

1. 强调创新意识

音乐教研管理创新采用新的思维方式、方法和策略，是以提高效率、优化资源配置、增强创新能力、创造更大价值为目的的一种行为。我认为，在这个行为确立前，更重要的是创新意识。

2. 为了突破传统

音乐教研管理创新要在传统管理模式的基础上进行突破，采用新的理念和方法，打破陈规，推动管理创新。

3. 注重管理实践

音乐教研管理创新是以实践为基础的，需要在实践中不断摸索和尝试，寻找适合自己的管理创新方式。

4. 提高教研效率

音乐教研管理创新的目的是提高教研效率，通过优化管理流程和资源配置，实现更高效的管理和运营。

5. 增强创新能力

音乐教研管理创新可以增强组织的创新能力，促进组织不断创新和发展，推动管理组织走向更高层次。

6. 创造更大价值

音乐教研管理创新可以创造更大的价值，实现教师、教学的增值效益和社会影响效益的双赢。

（二）音乐教研管理创新有哪些措施

1. 建立科学的管理机制

建立科学的音乐教研组织机构，明确各岗位职责，制订具体的工作计划和目标，实施科学的管理，是音乐教研管理的基础。

（1）设立专门的音乐教研组织机构，如音乐教研中心、音乐教研组等，明确各岗位职责，确保教研工作有序开展。

（2）制订具体的工作计划和目标，包括年度计划、月度计划和周计划等，按照计划有序开展教研活动。

（3）实施科学的管理，包括信息化管理、数据管理、质量管理等，确保教研成果可靠、有效。

2. 加强师资队伍建设

音乐教师是音乐教育教学的主体，其专业素质和教学水平直接影响音乐教育教学的效果。因此，加强音乐教师的培训和指导，提高教师的专业素质和教学水平，促进教师之间的交流和合作，是音乐教研管理的重要内容。

（1）组织各种形式的教师培训和研讨活动，如教学技能培训、音乐素养提升等，提高教师的专业素质。

（2）鼓励教师参加各级各类的教育教学研讨会和课题研究，提高教师的教学水平和科研能力。

（3）建立教师教学档案，定期对教师进行教学评估和指导，促进教师之间的交流和合作。

3. 推行多元化的教研活动

不同形式的教研活动可以满足不同教师的需求，促进教师之间的交流和合作，提高音乐教育教学质量。

（1）组织集体备课，提高教学质量。

（2）开展课题研究，鼓励教师探索新的教学方法和手段，推动教育教学改革。

（3）组织教师观摩、评课等活动，提高教师的教学水平和专业素质。

4. 注重成果评价和推广

音乐教学研究成果的评价和推广是音乐教研管理的重要内容。通过评价和推广优秀的音乐教学案例和经验，可以促进教育教学改革和提高音乐教育教学质量。

（1）建立科学的评价体系，对音乐教学研究成果进行评价。

（2）推广优秀的音乐教学案例和经验，鼓励教师在实践中借鉴和应用。

（3）利用各种渠道，如学术刊物、网络媒体等，宣传和推广优秀的音乐教学成果。

5. 加强与社会各界的联系

加强与社会各界的联系，开展音乐教育实践活动，促进音乐文化的传承和发展，是音乐教研管理的重要内容。

（1）加强与音乐行业、文化机构和社区等外部单位的联系，开展音乐教育实践活动。

（2）推广音乐文化，举办音乐会、比赛、展览等活动，促进音乐文化的传承和发展。

（3）给师生搭建各种形式的音乐活动，提高师生的音乐素养和审美能力。

六、教研文化创新

音乐教研文化是指音乐教育领域中的教学、研究、交流和创新等方面的文化氛围和理念。

（一）如何理解音乐教研文化创新

1. 强调专业性

音乐教研文化必须强调教师和学科的专业性，要鼓励教师不断提高自己的教学水平和研究能力，以提高教学质量。

2. 注重研究

音乐教研文化注重教学研究，鼓励教师开展教学研究活动，探索新的教学方法和策略，从而不断提高教学效果。

3. 倡导创新

音乐教研文化倡导创新精神，鼓励教师不断尝试新的教学方式或方法，打破传统的教学模式，促进教学创新。

4. 强调合作

音乐教研文化强调教师之间的合作和交流，鼓励教师共同探讨教学问题，分享教学经验，相互学习和提高。

5. 注重实践

音乐教研文化注重研究实践，鼓励教师将研究成果应用到实际教学中，从而不断完善自己的教学方法和策略。

6. 倡导开放

音乐教研文化要倡导开放的思想，鼓励教师与其他学科领域的专家和学者交流，吸纳其他领域的优秀经验和理念，促进教育事业的发展和进步。

（二）音乐教研文化如何创新

针对教研文化中的六种理解，建议可以采用以下创新策略。

（1）鼓励教师参加相关的培训和学习活动，提高自身的教学水平和研究能力。同时，可以建立教师评估机制，激励优秀教师提高教学质量。

（2）可以建立教研小组或者研究团队，共同探讨教学问题，分享研究成果。同时，可以通过科技手段，如在线教学平台、教学数据分析工具等，支持教师的教学研究工作。

（3）建立新的教学方式和方法评比机制。例如，建立教学创新基金，资助教师开展教学创新项目。同时，可以邀请其他领域的专家和学者，为教师提供跨学科的思维和经验。

（4）建立教师教研交流平台，开展教师间的互访活动，分享教学经验和教学资源，甚至可以借鉴企业的团队建设经验，建立教师团队，共同完成教学任务。

（5）可以建立教研示范基地和教学项目实践基地，为教师提供教学实践的场所和条件。同时，可以鼓励教师参与课程设计和教材编写工作，将研究成果应用到实际教学中。

（6）可以建立教育开放资源平台，为教师和学生提供丰富的教育资源。同时，可以邀请其他领域的专家和学者参与教学，开展跨学科的教研活动。

（7）注重教研场室环境的创新设计，利用现代科技，如智能投影仪、VR头盔等设备，为教研场室创建一个更加科技化、互动性的环境。

引入各类植物、鱼缸等绿色元素，营造一个更加舒适、宜人的环境氛围。设计多功能储物柜、桌椅等家具，以增加空间利用率，提高教研场室的实用性和灵活性。在教研场室内设置音乐播放设备，为学生和教师营造一个更加轻松愉悦的氛围。利用可移动的隔断、布艺屏风等装置，为不同的教研活动提供灵活的分隔和隐私保护。与周边的自然环境和社区文化相结合，利用当地特色元素为教研场室设计主题和装饰，以营造独特的教育氛围。

第五节　如何开展音乐深度教研

在了解音乐深度教研之前，要对深度教研有深刻理解。不难发现，深度教研关键在“深度”二字。在深度教研中，深度指的是教师对教学内容和教学方法进行深入研究和探索的程度。深度教研要求教师对教学内容进行深刻理解，深入分析学生的学习需求和学习特点，制定出最为适宜的教学策略和方法，从而提高教学效果和质量。同时，深度教研也要求教师在教学实践中不断反思和总结，不断挑战自己的认知和能力，形成持续不断的教育教学改进和创新的动力。因此，深度教研强调的是教师对教学内容和教学方法进行全面、系统、深入的研究和探索，以提升教学质量和效果。

一、什么是深度教研

深度教研是一种教研理念和方法，旨在通过对教师的个性化发展需求、教学能力、教研能力等方面的深入了解，设计出更加贴近教师需求的教研活动，以提高教师的教研兴趣和教研能力。深度教研强调教师的主体性和探究性，鼓励教师积极参与教研讨论和教研实践活动，以激发教师的教研热情和研究力。

深度教研需要教师具备较高的个人教研素养和教研能力，能够在意识上认识教研的本质与价值，能根据不同的教研内容灵活运用不同的教研手段和方法，根据自身的实际情况进行差异化个人教研和共性化集体教研，以达到最佳的教研成效。同时，深度教研也需要教师具备一定的自主学习和教研合作学习能力，以更好地适应教育新环境和教研方式。

二、深度教研有什么表征

（一）高度专业化

深度教研需要教师具备高度的专业知识和技能。教师需要对自己所教授的学科或教学领域有深入的了解和认识，能够针对不同的学生和教学情境，制定出最为适宜的教学策略和方法。同时，教师还需要拥有扎实的理论基础和丰富的教学经验，以便更好地应对各种教学挑战和问题。

（二）强调实践应用

深度教研注重理论与实践相结合。教师在深入研究教学内容和方法的同时，需要将所学到的知识和技能应用于实际教学中，并通过反思和总结不断改进自己的教学策略。这样才能够真正提高教学效果，让学生取得更好的学习成果。

（三）重视反思与创新

深度教研需要教师不断反思自己的教学实践。教师需要认真分析自己在教学中遇到的问题和挑战，从而找出问题的根源和解决方案。同时，教师还需要不断进行创新，尝试各种不同的教学策略和方法，以便更好地适应不同的教学情境和学生需求。

（四）突出团队合作

深度教研需要教师之间进行紧密的合作。教师可以利用集体智慧，一起研究和探讨教学内容和方法，从而取得更好的研究成果。同时，团队合作也可以促进教师之间的相互学习和交流，提高教师的专业素养和教学能力。

（五）着眼于学生发展

深度教研需要教师关注学生的学习需求和发展潜力。教师需要了解每个学生的学习能力和兴趣爱好，制订出个性化的教学计划和教学策略，以便更好地促进学生的全面发展。同时，教师还需要通过差异化教育，让每个学生都能够在自己的学习领域中取得最好的成绩。

三、深度教研有什么价值

深度教研对于教师和学校、个人具有多方面的价值。

（一）提高教师的教学水平和专业素养

深度教研能够使教师更加深入地了解教学内容和方法，进一步提高教学质量和效果，同时也能够提升教师的专业素养和职业价值。

（二）促进学校教育教学改革和发展

深度教研能够帮助学校更好地了解教学实践中存在的问题和挑战，及时调整教育教学策略和方法，推动教育教学改革和发展。

（三）增强教师的自主性和创造力

深度教研能够激发教师的自主性和创造力，鼓励他们尝试各种不同的教学策略和方法，从而为学生提供更加个性化、丰富多彩的教育教学体验。

（四）提升学生的学习效果和成就

深度教研能够让教师更好地了解学生的学习需求和学习特点，制订出更加有效的教学方案和策略，从而提升学生的学习效果和成就。

（五）促进教师之间的交流和合作

深度教研能够促进教师之间的交流和合作，加强教师之间的团队精神和协作意识，形成有利于教育教学改革和发展的良好氛围。

四、什么是音乐深度教研

音乐深度教研是一种针对音乐教育的专业探究活动，旨在提高音乐教师的教学水平和教育教学质量。音乐深度教研通常包括个人研究、小组研究、跨学科研究等形式，通过教学观摩、教学案例分享、学科交流等方式展开，以促进教师之间的相互学习和共同进步。

音乐深度教研的主要目的是提高音乐教师的教学能力和专业素养，促进音乐教育的发展和创新。它包括以下几个方面。

（一）针对音乐课程的深入研究

音乐深度教研需要教师对音乐课程进行深入研究，包括音乐知识结构、音乐教育理念、音乐教学方法等方面。同时，教师还需要了解学生的学习需求和特点，以便更好地设计教学方案。

（二）探索音乐教学方法

音乐深度教研鼓励教师探索和创新音乐教学方法，以提高教育教学质量。

教师可以通过教学案例分享、课堂观摩等方式，展示自己的教学成果和经验，也可以从其他教师的经验中获得启发和借鉴。

（三）分享音乐教学经验

音乐深度教研也鼓励教师之间分享音乐教学经验和教育资源，以促进教师之间的相互学习和共同进步。教师可以通过教学案例分享、课堂观摩等方式，展示自己的教学成果和经验，也可以从其他教师的经验中获得启发和借鉴。

（四）聚焦学生需求

音乐深度教研的核心是聚焦学生需求，以提高教学质量和效果。教师需要了解学生的学习特点和需求，根据学生的实际情况进行差异化教学，以更好地满足学生的学习需求和提高学生的学习成效。

通过以上几个方面的理解，可以认识音乐深度教研的认知维度，也坚信音乐深度教研可以帮助音乐教师提高教学水平和专业素养，促进音乐教育的发展和进步。

五、音乐深度教研的特征

音乐深度教研作为一种专业性的探究活动，通过深入研究音乐教育领域的知识和方法，提高教师的教学水平和专业素养，促进音乐教育的发展和创新。

（一）强调实践操作

在音乐深度教研中，教师需要通过实践操作来验证理论和方法的可行性。例如，对于一种新的教学方法，教师可以在教研活动上进行实验，观察学生的反应和效果，并及时对方法进行调整和改进。此外，教师还可以通过观摩其他教师的课堂来学习和借鉴，将所学到的方法运用到自己的教学中。

（二）注重团队合作

音乐深度教研通常是以小组为单位进行的，鼓励教师之间进行交流和合作。小组成员可以分享各自的教学经验和方法，讨论教学中遇到的问题，并共同探讨解决方案。通过团队合作，教师们可以互相学习和借鉴，提高整个团队的教学水平。

（三）侧重差异化

音乐深度教研强调差异化，即根据教师的不同需求和特点，采用不同的教研方法和策略。例如，对于一些音乐素养较高的教师，就可以采用挑战性更大、内容更深的教研内容和方法，以激发他们的创造力和想象力；对于一些音乐素养较差的教师，可以采用更加简单易懂的教研方法，帮助他们逐步提高认识和教学技能。

（四）引导教师自主教研

音乐深度教研鼓励教师开展自主学习和探究。例如，在课例教研时，教师可以在课例观摩后自己提出问题，并在研究中自行思考解决对策，让自己在探究中获得知识和经验的提升。此外，教师还可以参加各类音乐技能比赛和演出等活动，让自己在实践中不断提升自己的能力和技巧。通过引导自己自主学习，培养自主学习能力和创新精神，让自己养成反思性思维，并成为具有独立思考和解决问题能力的教师。

六、音乐深度教研的实现路径

音乐深度教研是站在音乐有效教研、音乐低效教研和音乐无效教研的立场提出的一种理念和策略，应该是所有组织和参与教研的音乐教师必须追求的。为了能更好地实现音乐高效教研，结合以上四个音乐高效教研特征给大家提供一些建议。

（一）明确研究目标和方向

教师需要根据自己的教学实践经验和感受，选择一个具有实践意义和可操作性的课题进行研究。例如，教师可以针对学生在某个知识点上的薄弱环节进行深入研究，或者探索如何提高学生的学习兴趣和参与度等。在确定研究目标和方向时，教师需要充分考虑自己的教学特点和学科特点，确保研究方向与自身的专业领域和教学实践相符合。

（二）收集和整理资料

教师需要收集和整理相关的文献、资料和案例，了解国内外的研究动态和前沿成果。这些资料可以来自学术期刊、教育网站、教育研究机构等渠道。在收集和整理资料的过程中，教师需要注重筛选和评估资料的质量和可靠性，避免盲目跟风和误导。

（三）开展实践研究

教师需要在实践中不断探索和尝试，根据研究目标和方向，制定出相应的教学策略和方法，并在实践中进行验证和调整。例如，教师可以采用课堂观察、问卷调查、小组讨论等方式收集数据，对教学效果和影响进行评估和分析。在开展实践研究的过程中，教师需要重视实践和理论的结合，不断反思和总结教学经验和教学成果。

（四）进行数据分析和总结

教师需要对实践过程中收集到的数据进行分析和总结，发现问题并提出解决方案，形成一定的研究成果。例如，教师可以通过SPSS等统计软件对数据进行分析，挖掘数据背后的内在规律和关联性。在进行数据分析和总结时，教师需要注重数据的可靠性和有效性，避免数据误导和数据造假。

（五）分享交流和评价

教师需要在团队内部或者学术会议上分享研究成果和经验，听取他人的意见和建议，进行评价和反思，为下一轮深度教研积累经验和动力。例如，教师可以在学术研讨会上展示自己的研究成果和经验，与其他教师进行交流和分享，获取他人的反馈和建议。在分享交流和评价的过程中，教师需要注重倾听和沟通，尊重他人的观点和意见，同时也要坚持自己的立场和原则，不断提升自身的专业素养和教学能力。

第三章 —— 音乐教研的设计

音乐教研设计是指对音乐教育教学过程进行研究和设计的活动。它旨在提高音乐教师的教学能力和学生的音乐素养。音乐教研设计包括教学内容的选择与组织、教学方法的设计与实施，以及教学评价与反思等方面。

首先，音乐教研设计要注重教学内容的选择与组织。音乐教育的目标是培养学生的音乐素养和审美能力。因此，在设计教学内容时，需要根据学生的年龄特点、兴趣爱好和学习需求，选择适合的音乐素材和教学资源。同时，要合理组织教学内容，使其有机地衔接和发展，帮助学生形成系统的认识和能力。

其次，音乐教研设计要关注教学方法的设计与实施。不同的音乐教学目标和内容需要采用不同的教学方法和策略。例如，对于音乐欣赏教学，可以采用听觉感知、情感体验和分析评价等方法；对于音乐表演教学，可以通过示范演奏、个别指导和小组合作等方式进行。在设计教学方法时，应充分考虑学生的学习特点和需求，注重激发学生的学习兴趣和参与度。

最后，音乐教研设计要注重教学评价与反思。教学评价是对学生学习情况和教学效果进行客观评估的过程，它可以帮助教师了解学生的学习进展和困难，并及时调整教学策略。同时，教师还应该进行教学反思，总结教学经验，发现问题并改进教学方法。通过不断的评价和反思，教师可以提高自己的教学水平，使教学更加有效和有针对性。

音乐教研设计是一项重要的工作，它需要教师关注教学内容的选择与组织、教学方法的设计与实施，以及教学评价与反思等方面。通过科学合理地进行音乐教研设计，可以提高音乐教师的教学能力和学生的音乐素养，促进音乐教育的发展。

第一节　如何拟定音乐教研计划

一、确定目标

在中小学，音乐教研计划的目标大多数会从提高音乐教育质量、促进教师专业发展、探索音乐教育改革、推广音乐文化四个方向进行确定。

（一）提高音乐教学质量方向

提高教学质量作为教师的教学重要目标，一直都是教学研究的重点方向。可以通过教研活动，探索和实践更有效的教学方法和策略，以提高学生的音乐素养和艺术修养。因此，在此方向教研目标确立时，可以包括以下方面。

1. 探索适合学生特点和需求的教学模式和方法

针对不同年龄、性别、文化背景和学习特点的学生，探索适合其特点和需求的音乐教学模式和方法，提高教学效果和成效。

2. 促进音乐教育与其他学科的融合

鼓励音乐教师将音乐教育与其他学科进行融合，如音乐与语言、数学、历史等学科的融合，以促进学生的综合素养和能力的提升。

3. 建立音乐教学评估和反馈机制

建立和完善音乐教学的评估和反馈机制，及时了解教学效果和成效，为音乐教师提供必要的支持和指导，以提高音乐教学质量。

（二）促进音乐教师专业发展方向

音乐教师作为音乐教育的中坚力量，其专业能力对课堂有重要影响。专业能力是一个“无上限”的技能，在教师完成繁重的教学任务的同时，为教师提供不断学习和成长的机会，提高其专业素养和教学能力，是促进音乐教师专业发展的重要途径。

因此，在制定促进教师专业发展方向的教研目标时，可以从以下几个方面确立。

1. 提高音乐教师的教学能力和素养

通过开展教研活动、教学观摩和教学反思等方式，提高音乐教师的教学能力和素养，加强其对音乐教育理论和方法的掌握，提高教学技能和评价能力。

2. 推广音乐教育创新和实践

鼓励音乐教师开展音乐教育创新和实践，积极探索适合学生特点和需求的教学模式和方法。

3. 建立良好的教师交流和合作机制

建立良好的教师交流和合作机制，鼓励音乐教师之间相互借鉴和学习，共同提高教学水平，推动音乐教育事业的发展。

4. 建立音乐教师评估和反馈机制

建立和完善音乐教师的评估和反馈机制，及时了解教师的工作表现和成效，为其提供必要的支持和指导，以推动音乐教育事业的持续发展。

（三）探索音乐教育改革方向

教育的发展是需要不断创新和改革的，在音乐学科中，从音乐课程、音乐教学内容、音乐教学手段三个方面进行改革。

1. 推动音乐教育课程改革

随着社会发展和教育理念的变化，传统的音乐教育模式已经不能满足学生的需求。因此，推动音乐教育课程改革是当前音乐教育的重要任务之一。音乐教育课程改革应注重培养学生的音乐素养和艺术修养，强调学生的创造力、表现力和批判性思维的发展。同时，应该根据学生的不同年龄、性别、文化背景和学习特点，设计不同的音乐教育课程，以满足学生的需求和兴趣。

2. 推广多元化的音乐教育内容和形式

推广多元化的音乐教育内容和形式，是为了让学生更全面地了解和欣赏不同类型的音乐，培养学生的音乐鉴赏能力和审美能力。多元化的音乐教育内容和形式包括传统音乐、流行音乐、民族音乐、乡土音乐等。在推广过程中，应该注重学生的参与和互动，采用多种教学手段和方法，如听音乐、演奏乐器、唱歌、编曲等，以丰富音乐教育的形式和内容。

3. 引入新技术和教学手段

随着信息技术的发展，越来越多的新技术和教学手段被引入音乐教育中，如多媒体教学、虚拟现实技术等。这些新技术和教学手段可以丰富音乐教育的形式和内容，提高教学效果和成效。音乐教师应该积极探索和应用这些新技术和教学手段，以提高音乐教育的质量和水平。

（四）推广音乐文化方向

加强对音乐文化的认识和理解，培养学生对音乐的兴趣和热爱，是促进音乐艺术传承和发展的重要途径，也是音乐教育的最终目标。因此，教研计划的目标还可以从音乐文化推广的方向进行确立，例如以下几个方面。

1. 增强学生对音乐文化的认识和理解

音乐是文化的一部分，通过音乐教育可以让学生更深入地了解和认识音乐文化。音乐教育应该注重让学生了解不同类型的音乐、不同地区的音乐文化和历史背景，以及音乐与社会、文化的关系。学生应该了解音乐文化的多元性和丰富性，从而拓宽视野，增强文化自信心。

2. 培养学生的音乐审美能力和文化素养

音乐教育应该注重培养学生的音乐审美能力和文化素养，让学生从音乐中感受文化的魅力，提高学生的文化修养和艺术修养。学生应该学会欣赏音乐，了解音乐文化的内涵和特点，从而提高自己的审美水平和文化素养。

3. 推广优秀的音乐作品和表演形式

音乐教育应该推广优秀的音乐作品和表演形式，让学生了解和欣赏不同类型的音乐作品和表演形式，激发学生对音乐的兴趣和热爱。同时，教育工作者应该注重培养学生的创作能力，让学生有机会创作自己的音乐作品。

4. 加强音乐文化交流和合作

音乐教育应该加强音乐文化交流和合作，促进不同地区、不同国家之间的音乐文化交流和合作，增进文化理解和友谊。通过参加音乐比赛、音乐节等活动，学生可以与来自不同国家、不同地区的音乐人交流，了解不同国家、不同地区的音乐文化和艺术特点，开阔视野。

5. 建立音乐文化传承和保护机制

音乐教育应该建立音乐文化传承和保护机制，保护和传承优秀的音乐文化遗产，让学生了解和尊重音乐文化的传统和历史。音乐教育工作者应该注重挖掘和传承本土音乐文化，让学生了解和认识自己的文化传统和历史。

二、收集信息和资料

确定好教研目标的方向后，要让教研计划能够更好地落实，需要就教研的范围，进行多方位的信息和资料收集。

（一）课程大纲和学生档案

音乐课程大纲和学生档案是制订音乐教研计划的重要信息和资料，通过资料的收集与学习，了解学生所需学习的知识、技能和态度。此外，收集学生的档案也是非常重要的。了解学生的年龄、性别、文化背景、兴趣爱好等个人信息，了解其成绩记录、家庭背景等，可让教研方案及策略更有针对性。

（二）教学资源和工具

要让教研计划更好地落实，了解研究对象所在学校的教学资源和工具情况，是必不可少的，这直接影响着教研计划的落实。因此，可通过调查问卷、实地考察等方式，了解教研对象所在学校可用的音乐教学资源和工具，例如乐器、相关设备、音乐书籍、相关软件及教师所拥有的课件及PPT等教学资源，以便后期进行教研活动。

（三）最新的音乐教学理论和实践

收集音乐教学理论和实践可以帮助教师不断提升教学水平，以下是一些常见的音乐教学理论和实践。

1. 音乐心理学

音乐心理学是研究音乐与人类心理学之间的关系，掌握音乐心理学可以帮助教师了解学生在音乐学习中的认知和情感发展规律，以便更好地设计教学活动。例如，了解学生的音乐喜好和听觉特点，可以根据学生的个性化需求和特点开展教学活动，提高学生的学习兴趣和学习效果。

2. 音乐教学策略

音乐教学策略是指在音乐教学过程中运用的一些有效的教学方法和策略，如探究式学习、多元智能教学、个性化教学等。掌握音乐教学策略可以帮助教师更好地指导学生。

3. 跨学科教学

跨学科教学是指将不同学科的知识和技能有机地结合起来，使学生能够全面、深入地理解和应用所学知识。了解音乐与其他学科的联系和交叉点，如数学、文学、历史等，可以将音乐教育融入跨学科的教学中，提高学生的综合能力和创新能力。

4. 技术应用

随着科技的发展，音乐教学中的技术应用越来越普及，如数字音频工作站、音乐制作软件等。掌握音乐教学中常用的技术应用可以帮助教师更好地开展教学活动。

5. 学科研究

了解国内外音乐教育的最新研究成果和趋势，可以帮助教师跟上音乐教育的最新动态和发展趋势，不断更新自己的教学理念和方法，提高教学水平和教学质量。

6. 实践经验

了解其他学校或教师的音乐教育实践经验，可以帮助教师借鉴和参考，提高自己的教学水平和教学质量。通过与其他教师交流和分享实践经验，可以促进教师之间的互动和合作。

在收集信息和资料时，需要注重信息的准确性和可靠性，同时也要考虑信息的适用性和实用性，选择合适的收集方法和工具，为教研提供必要的支持和依据。

三、分析现状和问题

拟定音乐教研计划时，分析现状和问题是非常重要的一步。通过分析现状和问题，可以找出音乐教育中存在的不足和瓶颈，制定针对性的改进措施及教研方案，从而提高音乐教育的质量。分析现状和问题，可以从教师、学生、家长和学校四个角度进行。

（一）教师

影响教师教学的因素有多个方面，因此，在分析教师教学现状时，要尽可能全面，以准确发现教学中存在的问题。

1. 教学理念与方法

教师的教学理念和方法对于音乐教育的质量具有重要的影响。因此，我们需要分析教师的教学理念和方法是否符合时代需求和学生特点，是否能够激发学生的兴趣和发展潜力。具体的分析方法可以包括观察教学过程、听取学生反馈、了解行业动态等。

2. 教学效果

教师的教学效果是评价音乐教育质量的重要指标。因此，我们需要分析教师的教学效果是否达到预期目标，学生的学习成绩和综合素质是否得到提升。具体的分析方法可以包括收集学生的考试成绩、听取学生的反馈、评估学生的综合素养等。

3. 专业素养

教师的专业素养是音乐教育中不可或缺的一部分，包括音乐演奏技巧、音乐理论知识等。因此，我们需要分析教师的专业素养是否达到要求，是否需要进一步提升。具体的分析方法可以包括考查教师的演奏水平、了解教师的专业背景和经历、听取同行的评价等。

4. 教学态度

教师的教学态度对于音乐教育的质量也有很大的影响。因此，我们需要分析教师的教学态度是否积极主动、严谨认真，是否能够给学生树立良好的榜样。具体的分析方法可以包括观察教师的教学态度、听取学生或同事的评价等。

（二）学生

在拟定音乐教研计划时，我们需要从学生的多个方面来分析现状。以下是具体的分析方法和步骤。

1. 学习兴趣

学生的学习兴趣对于音乐教育的质量具有重要的影响。因此，我们需要分析学生是否对音乐教育感兴趣，是否能够积极主动地参与到教学中来。具体的分析方法可以包括观察学生的学习态度、听取学生的反馈等。

2. 学习成绩

学生的学习成绩是评价音乐教育质量的重要指标。因此，我们需要分析学生的学习成绩是否达到预期目标，是否存在较大的差异性。具体的分析方法可以包括收集学生的考试成绩、听取教师的评价等。

3. 综合素质

音乐教育不仅要注重学生的音乐技能，还要注重学生的综合素质。因此，我们需要分析学生的综合素质是否得到提升，是否具备较好的音乐表现力和音乐鉴赏能力等。具体的分析方法可以包括观察学生的表演和演奏、收集学生的作品等。

4. 学习方式

不同的学生有不同的学习方式，因此，我们需要分析学生的学习方式是否多样化，是否能够满足各种学生的需求。具体的分析方法可以包括观察学生的学习方式、听取学生的反馈等。

5. 学生反馈

学生的反馈是了解音乐教育质量的重要途径。因此，我们需要听取学生的反馈和建议，了解他们对音乐教育的看法和期望。具体的分析方法可以包括问卷调查、访谈等。

具体的分析方法有多种，其中包括通过问卷调查的方式收集学生的反馈和建议，了解他们对音乐教育的看法和期望，找出存在的问题和瓶颈；通过观察学生在课堂上的表现，了解他们的学习态度、学习兴趣和学习成果等；通过评估学生的学习成绩，找出存在的问题和瓶颈，并制定相应的改进措施；通过实地考察学生的学习环境和设施，了解学生的学习情况和需求；等等。从学生的多个方面来分析现状可以帮助我们更全面地了解当前音乐教育中存在的问题和瓶颈，打造切合学情的课堂。

（三）家长

家长作为教学的重要参与者，对教学也有着深远影响。因此在拟定音乐教研计划时，家长的现状与问题是不可忽略的一部分。可以从以下方面进行分析。

1. 家长对音乐教育的认知

家长对音乐教育的认知程度和态度对于音乐教育的质量具有重要的影响。因此，我们需要分析家长是否了解音乐教育的重要性，是否支持孩子参加音乐教育活动。具体的分析方法可以包括问卷调查、家庭访问等。

2. 家长对学生的支持

家长的支持对于学生参加音乐教育活动具有重要的影响。因此，我们需要分析家长是否能够积极支持孩子参加音乐教育活动，是否能够提供必要的帮助和支持。具体的分析方法可以包括观察家长的行为和态度、听取学生的反馈等。

3. 家庭环境

家庭环境对于学生的音乐教育也具有很大的影响。因此，我们需要分析家庭环境是否能够为学生提供良好的学习氛围和条件，是否能够支持学生进行音乐练习等。具体的分析方法可以包括家庭访问、观察学生的表现等。

4. 家长反馈

家长的反馈是了解音乐教育质量的重要途径。因此，我们需要听取家长的反馈和建议，听取看法和期望。具体的分析方法可以包括家长会、问卷调查等。

（四）学校

1. 教学资源

教学资源是音乐教育中不可或缺的一部分，包括音乐教材、乐器设备等。因此，我们需要分析教师所拥有的教学资源是否充足、质量是否过关，是否能够满足各种教学需求。具体的分析方法可以包括实地考察教学环境、了解教学设备的性能和功能、收集教材评价等。

2. 学生比例

学生比例对于音乐教育也有很大的影响，因此，我们需要分析学校的学生比例是否合理，是否能够保证音乐教育的质量。具体的分析方法可以包括收集学校的学生人数、观察教师的工作负担等。

3. 校园文化

校园文化对于音乐教育也有很大的影响，因此，我们需要分析学校的校园文化是否支持音乐教育的发展，是否能够为学生提供良好的学习氛围和条件。具体的分析方法可以包括收集学校的校园文化建设情况、观察学生的表现等。

四、制订教研方案

制订音乐教研方案是音乐教学中一个非常重要的环节，需要从多个方面进行考虑，以确保教研活动的顺利开展和取得预期的效果。制订时需要注意以下几点。

（一）目标明确

制订音乐教研方案需要明确目标和预期结果。这是整个教研活动的核心，也是指导教研活动开展的基础。只有明确了教研的目标和预期结果，才能制订出具体的教研内容、方法和时间计划等方案。

（二）内容具体

教研方案的内容应该具体、详细。教研方案要包括教学内容、教学方法、教学资源等方面的内容，要充分考虑到学生的实际情况和教师的教学能力，确保教研方案的可操作性和实用性。

（三）方法合理

制订教研方案的方法应该合理、科学。教研方案的方法应该根据教研的目标和预期结果，选择合适的教学方法，以提高教研效果。例如，可以采用教学观摩、小组讨论、实践操作等多种方法，以满足不同教学目标和需求。

（四）时间安排合理

教研方案的时间安排应该合理。教研方案的时间安排需要考虑到教师的工作量和教学进度等因素，确保教研活动的顺利开展和不影响正常的教学进度。

（五）预算充足

教研方案的预算应该充足。教研活动需要一定的经费支持，包括购买教材、音乐器材、场地租赁等方面的费用，需要预先做好预算规划，以确保教研活动的正常开展。

（六）团队合作

教研方案的实施需要团队合作。教研活动需要教师之间相互配合，共同完成教研任务。在教研方案的制订过程中，需要充分考虑到每个教师的意见和建议，形成团队合作的共识，以确保教研活动的最终效果。

（七）结果评估

教研方案的实施需要评估成果，为今后的教学改进提供依据。教研方案的实施需要进行成果评估，及时发现问题并进行改进，从而提高音乐教学的质量和效果。

总之，制订音乐教研计划需要全面、细致地考虑各个方面的因素，并结合实际情况进行具体制订。只有制订出合理的教研方案，才能更好地指导教研活动的开展，提高音乐教学的质量和效果。

第二节　如何建立音乐教研机制

音乐教研机制是指为促进音乐教育发展和提高教学质量而建立的一套规章制度和运作机制。建立音乐教研机制是推动音乐教育改革和发展的重要途径，它可以促进音乐教育资源共享、提高教师的专业水平和教学质量、促进音乐教育理论与实践的创新等。下面将从以下五个方面阐述如何建立音乐教研机制。

一、确定机制的宗旨、任务和工作重点

（一）音乐教研机制的宗旨

音乐教研宗旨是音乐教研机制的根本，其对音乐教育发展有着重要的意义。中小学音乐教研机制的宗旨主要包括以下几个方面。

1. 提高音乐教育的质量

中小学音乐教研机制的宗旨是要通过教学研究、课程设计和教师培训等方式，提高音乐教育的质量和水平，让学生在音乐教育中得到更好的发展。例如，探索新的教学方法，提高教学效果；组织教师培训，提高教师的教学能力和专业水平。

2. 推动音乐教育的发展

中小学音乐教研机制的宗旨是要推动音乐教育的发展，促进音乐教育与时俱进，不断创新，使之更符合学生的需求和社会的发展。例如，推动音乐课程的改革，根据学生的需求和社会的发展，调整音乐课程设置，更新教材内容，提高音乐教育的实效性。

3. 培养音乐人才

中小学音乐教研机制的宗旨是要培养具有良好音乐素养和专业技能的音乐

人才，为社会和国家的音乐事业做出贡献。例如，鼓励学生参加音乐比赛、音乐会等活动，提高学生的音乐素养；组织音乐教师进行交流和学习，提高教师的专业技能。

4. 促进教师专业发展

中小学音乐教研机制的宗旨是要为教师提供专业的培训和交流机会，帮助教师不断提升自己的教学能力和专业水平，从而更好地服务于学生。例如，组织教师参加各种专业培训和研讨会，提高教师的教学能力和专业水平；搭建教师交流平台，促进教师之间的沟通与交流。

5. 丰富学生的课余生活

中小学音乐教研机制的宗旨是要通过音乐比赛、音乐会等途径，丰富学生的课余生活，增强学生的音乐素养和文化素质。例如，组织学生参加各种音乐比赛和演出，举办音乐会和音乐节等活动，让学生在音乐中得到更多的文化熏陶，提高学生的音乐素养。

（二）音乐教研机制的任务

在音乐教研机制的宗旨指导下，确定音乐教研机制的任务是实现宗旨的第一步。在中小学阶段，音乐教研机制的任务可以有以下六个方面。

1. 确定教学目标

中小学音乐教研机制的第一个任务是确定教学目标。这个任务的核心是要让音乐教育符合学生的发展需求，提高音乐教学的实效性。在具体操作时应该考虑学生的年龄、能力和兴趣水平，以及他们未来可能面临的社会需求。才能使音乐教育更加有针对性，更加符合学生的实际需要。

2. 教师培训

中小学音乐教研机制的第二个任务是教师培训。这个任务的核心是要提高音乐教师的教学水平和教育教学技能，增强他们的音乐素养和艺术修养。为了达到这个目的，可以通过开设专业培训课程、组织教学交流活动、鼓励教师参加学术会议等方式来提高教师的专业素养和知识水平。

3. 教材开发

中小学音乐教研机制的第三个任务是教材开发。这个任务的核心是要研究和开发符合学生学习特点和实际需要的音乐教材，提高音乐教学的实效性和针对性。教材应该根据不同年龄段和不同学习阶段的学生的需求，设计不同类型的教材，以满足他们的学习需要。

4. 教学方法研究

中小学音乐教研机制的第四个任务是教学方法研究。这个任务的核心是要研究和探索适合不同阶段、不同类型学生的音乐教学方法，提高教学效果和学生的学习兴趣。教师应该根据学生的年龄、能力和兴趣水平来选择适合的教学方法，以提高教学效果。

5. 评估与监测

中小学音乐教研机制的第五个任务是评估与监测。这个任务的核心是要建立科学的音乐教学评估和监测体系，及时发现教学中存在的问题，并采取有效措施加以改进。通过评估和监测，可以让教师更好地了解自己的教学情况，及时发现问题，并采取措施加以改进。

6. 教学资源共享

中小学音乐教研机制的第六个任务是教学资源共享。这个任务的核心是要促进教师之间的交流和资源共享，建立音乐教学的合作共享机制，提高整个教学群体的教学效果和水平。通过共享教学资源，可以让教师更好地借鉴他人的经验，提高自己的教学水平，同时也可以促进整个教学群体的发展。

（三）音乐教研机制的工作重点

在建立音乐教研机制时，确定中小学音乐教研机制的工作重点是一个非常重要的任务，需要考虑多个因素。

1. 学生需求

确定中小学音乐教研机制的工作重点应该从学生需求出发。不同年龄段、不同能力和兴趣水平的学生对音乐教育的需求不同，因此应该针对学生的实际需要来制定教学目标、教材开发和教学方法研究等任务。例如，对于小学生来说，应该注重培养他们的音乐兴趣和基本技能；而对于中学生来说，则应该注重提高他们的音乐素养和创造性思维能力。

2. 教师水平

教师是影响音乐教育效果的关键因素之一，因此确定中小学音乐教研机制的工作重点也应该考虑教师的水平。应该为教师提供专业培训和指导，帮助他们不断提高自己的教育教学技能和音乐素养。例如，可以通过组织教师培训班、开展教学研讨活动等方式来提高教师的专业素养和知识水平。

3. 教学效果

教学效果是衡量音乐教育质量的重要指标之一，因此确定中小学音乐教研机制的工作重点也应该从教学效果出发。应该建立科学的音乐教学评估和监测体系，及时发现教学中存在的问题，并采取有效措施加以改进。例如，可以通过开展教学评估、教学反馈等方式来了解学生的学习情况和教学质量，从而及时调整教学策略和方法。

4. 教育创新

教育创新是推动教育不断发展的重要动力之一，因此确定中小学音乐教研机制的工作重点也应该从教育创新出发。应该研究和开发符合学生学习特点和实际需要的音乐教材，探索适合不同阶段、不同类型学生的音乐教学方法，以推动音乐教育的创新。例如，可以采用多种教学手段和形式，如音乐游戏、音乐剧、音乐比赛等，激发学生的学习兴趣和创造力。

总之，在确定中小学音乐教研机制的工作重点时只有综合考虑这些因素，才能制定出符合实际需要的音乐教育任务和措施，提高音乐教育的质量和实效性。

二、确定机制的组成和结构

（一）音乐教研组织机构设置

音乐教研机制的组成部分包括教育行政部门、学校、教育研究机构、专家学者等。这些组成部分应该相互协作、相互支持，形成一个有机的整体。对于音乐教研组织机构，可以这样设置。

1. 领导机构

音乐教研组织的领导机构通常由音乐教育管理者和学科带头人等组成。他们负责制订音乐教研的总体规划和指导工作，协调各个教研小组之间的关系，推进整个音乐教研工作的顺利进行。领导机构需要具备较高的专业素养和管理能力，可以为音乐教研活动提供有效的支持和指导。

2. 管理层

音乐教研组织的管理层是指各个教研小组的组长、副组长等。他们负责具体的教研工作安排和组织实施，引导教师进行音乐教研活动，协调教研小组内部的工作关系。管理层需要具备一定的管理能力和组织能力，能够有效地协调和推进音乐教研工作的开展。

3. 基层教研小组

基层教研小组是指在年级、班级或学科内组建的教研小组，由若干名音乐教师组成。基层教研小组是实施音乐教研活动的主体，他们通过研究和探讨，提高自身的音乐教育教学水平，进而促进学生的音乐素养提高。基层教研小组一般由组长、副组长和组员组成。组长需要具备较高的专业素养和组织能力，能够有效地引导小组成员进行音乐教研活动。

4. 专家指导

可以邀请专家进行指导，提供专业意见和建议。专家指导可以让教师更加深入地了解音乐教育教学的现状和发展趋势，提高他们的专业素养和教育教学能力。专家指导需要根据学校的实际情况和需求进行选择，以确保指导的有效性和实效性。

总之，以上是音乐教研组织机构设置的一些方面。在实际操作中，需要根据实际情况和需求进行具体的设置和调整，不断完善和优化组织机构。

三、确定机制的规章制度

建立并完善音乐教研机制的相关规章制度，包括会议制度、活动计划、研究报告、资金管理等方面的规定。这些规章制度应该具有可操作性，能够指导实际工作的开展，并且能够不断地改进和完善。

（一）音乐教研会议制度

音乐教研会议是为了促进音乐教育教学的发展，提高音乐教师专业素养和教学水平而设立的一种制度。其主要目的是通过教学研讨、经验分享、教育教学理论交流等方式，推动音乐教育的改革和创新。为了更好地推进这样的音乐教育平台，可以制定相关会议制度，以达到会议的目的最大化。

1. 明确目的和意义

一般来说，音乐教研会议是为了促进音乐教育教学的发展，提高音乐教师专业素养和教学水平而设立的一种制度。确立音乐教研会议制度，首先需要明确音乐教研会议的目的和意义。通过教学研讨、经验分享、教育教学理论交流等方式，推动音乐教育的改革和创新，提高教师的教学能力和水平，从而更好地服务于学生的成长和发展。

2. 确定组织机构

确定音乐教研会议的组织机构，包括领导小组、筹备组和执行组，以及各个组的职责和任务。领导小组负责制订会议的总体规划和指导会议的实施；筹备组负责具体的会议策划和组织工作；执行组则负责会议现场的具体执行和管理。每个组的职责和任务应该明确，协同配合，确保会议的顺利开展。

3. 制订会议计划

制订音乐教研会议的计划，包括会议的时间、地点、主题、主讲人、参会人员等。同时，需要确定会议的形式和内容，如教学研讨、经验分享、教育教学理论交流等。会议计划应该明确具体，充分考虑参会者的需求和期望，确保会议能够达到预期目标。

4. 邀请主讲人

邀请相关领域的专家、学者或知名教育工作者作为主讲人，向与会者介绍最新的教育理论和实践经验。主讲人的选择应该根据会议的主题和参会者的需求进行，确保主讲人具有专业性和可信度，能够为参会者提供有价值的教育教学经验。

5. 推广宣传

推广宣传音乐教研会议，吸引更多的教育工作者参加，从而扩大会议的影响力和知名度。推广宣传可以通过多种途径进行，如邮件、微信、QQ群、论坛等，还可以在学校、教育局等机构进行宣传，吸引更多的教育工作者参加。

6. 总结和评估

对每次音乐教研会议进行总结和评估，了解会议的效果和影响，为下次会议的开展提供参考和改进意见。总结和评估可以通过问卷调查、讨论会等方式进行，收集参会者的反馈意见和建议，帮助组织者更好地改进会议的组织和实施。

以上是确立音乐教研会议制度的一些基本步骤和要点。在具体操作中，还需要考虑其他因素，如预算、场地、设备、安全等问题，以确保会议的顺利开展。

（二）音乐教研经费的管理和使用制度

音乐教研经费是音乐教育发展的坚实物质保障，在管理和使用中要依据相关的法律法规和学校的规定，确保经费使用的公正、公开、透明、合理。可以从多方面进行相关制度的制定。

1. 确定制度制定的目的和范围

在制定音乐教研经费的管理和使用制度前，需要明确制度制定的目的和范围。制度的目的是保障音乐教育教学和研究的需要，合理分配和使用音乐教研经费；制度的适用范围是针对学校的音乐教育教学和研究活动。

2. 确定制度的基本原则

在制定音乐教研经费的管理和使用制度时，需要明确制度的基本原则，如公正、公开、透明、合理等原则。这些原则是制度建立的基础，可以有效保障经费使用的合法性和规范性。

3. 制定经费管理的组织机构和职责

制定经费管理的组织机构和职责是制度建立的重要环节。需要明确经费管理的组织机构和职责，包括学校领导、财务、教务处、音乐系等部门。同时，还需要明确各级管理人员的职责和权限，建立科学的管理体系。

4. 制定经费使用的流程和标准

制定经费使用的流程和标准是制度建立的关键环节。需要明确经费使用的程序和标准，包括审批、备案、支出、报告等环节。同时，还需要明确经费使用的限制和禁止事项，以避免经费滥用和浪费。

5. 制订经费使用计划和报告制度

制订经费使用计划和报告制度是经费管理和使用的重要手段。需要明确经费使用的计划和用途，包括乐器购置、音响设备更新、图书采购、参加学术会议等。同时，还需要定期向上级领导和相关部门进行经费使用情况的报告。

6. 制定经费使用监督和检查制度

经费使用监督和检查制度是制度建立的重要保障。需要建立经费使用监督和检查制度，对经费使用情况进行定期监督和检查，及时发现和纠正问题，保证经费使用的合法性和规范性。

7. 制定经费使用评估制度

经费使用评估制度是对经费使用效果进行评估和调整的重要手段。需要定期对经费使用效果进行评估和调整，提高经费使用效率和质量。

8. 审核和批准

制度制定完毕后，需要由学校领导和相关部门进行审核和批准，确保制度符合相关要求和规定。同时，还需要对制度进行宣传和培训，确保全体音乐教研人员了解和遵守制度。

（三）音乐教研人员的培训和考核制度

音乐教研人员的培训和考核制度应该全面、科学、合理，以提高音乐教育教学和研究水平。该制度可以包含以下方面。

1. 确定制度制定的目的和范围

制度制定的目的是提高音乐教研人员的专业素质和教学水平，推动音乐教育事业的发展；制定的适用范围是针对学校的音乐教研人员。

2. 确定制度的基本原则

在制定音乐教研人员的培训和考核制度时，要遵循全面、科学、合理等原则。这些原则是制度建立的基础，可以有效保障培训和考核的公正性和准确性。

3. 制订培训计划和内容

制订培训计划和内容是制度建立的重要环节。需要根据不同层次、不同领域的需求，制订相应的培训计划和内容，包括岗位培训、专业培训、教学观摩、交流研讨等方面。通过培训，可以提高音乐教研人员的专业素质和教学水平，促进教育教学的发展。

4. 制定考核评估标准

制定考核评估标准是制度建立的关键环节。需要明确考核评估的内容和标准，包括教学效果、研究成果、教学质量、教学态度等方面。评估标准应科学、合理、可操作，以确保考核评估的公正性和准确性。

5. 确定考核评估周期和方式

确定考核评估周期和方式是制度建立的重要环节。需要根据实际情况，确定考核评估的周期和方式，包括定期考核、不定期考核、自我评估、同行评估等。考核评估周期和方式应科学、合理、可行，以确保考核评估的有效性和及时性。

6. 制定激励机制

制定激励机制是制度建立的必要手段。需要建立激励机制，对考核评估结果优秀的音乐教研人员进行适当的奖励和晋升，以激励他们不断提高自身的专业素质和教学水平。

7. 监督和评估制度

建立监督和评估制度是制度建立的重要保障。需要建立监督和评估制度，对培训和考核评估的效果进行监督和评估，及时发现和纠正问题，提高制度的有效性和可操作性。

四、开展教研活动

音乐教研机制的核心是开展教研活动。这些活动包括召开研讨会、培训、教学观摩等，通过这些活动，可以推动音乐教研的深入开展，提高教师的教学水平和教育质量。

中小学音乐教学是一门艺术教育，也是一门综合性的学科。开展教研活动可以提高音乐教师的教学能力和水平，促进教学改革和创新。在中小学音乐教学中，可以通过以下几种方式来开展教研活动。

（一）学校组织

学校可以定期组织音乐教师进行教研活动，如集体备课、教学案例分享等。在此过程中，教师们可以就课程设置、教学方法、教材选用等问题进行交流和研讨，共同探讨如何提高教学质量。这种方式可以为教师们提供一个良好的交流平台，激发教师的教学创造力和活力。

（二）自愿参加

可以鼓励音乐教师自愿参加教研活动，如参加音乐教学研讨会、演出活动等。这些活动可以为教师们提供更多的教学资源和灵感，同时也可以促进他们之间的交流与互动。这种方式可以让教师们更多地接触到不同的教学理念和方法，从而拓宽自己的教学视野。

（三）职业发展计划

可以将教研活动纳入音乐教师职业发展计划中，作为评定职称、聘任等的重要依据。通过参加教研活动，教师们可以不断提高自己的教学水平和职业素养，为自己的职业发展打下坚实基础。这种方式可以让教师们更加关注自己的职业发展，从而更能投入教研活动中去。

（四）线上教研

在互联网时代，线上教研也成为一种流行的方式。音乐教师可以通过在线论坛、微信群等平台进行交流和分享，分享教学资源和经验。这种方式可以让教师们更加方便地进行教研活动，同时也可以节省时间和成本。

（五）鼓励创新

可以鼓励音乐教师在教研活动中提出创新的教学方法和教学理念，以促进音乐教学改革和创新。例如，可以尝试多媒体教学、情境教学、合作学习等新型教学模式，以满足学生多样化的学习需求。这种方式可以让教师们更加关注教学实践，从而不断改进自己的教学方法和技巧。

五、评估机制的效果

定期对音乐教研机制进行评估，总结经验，发现问题，及时调整工作方向和方式，不断提高机制的效果和实效。评估过程应该充分听取各方面的意见和建议，使评估结果更加客观、准确。可以从以下四个方面进行评估。

（一）教学质量评估

1. 学生的学习成绩

音乐教学的最终目的是提升学生的音乐素养和技能水平，因此学生的学习成绩是评估教学质量的重要指标之一。

2. 学生对课堂教学的反馈

可以通过问卷调查、访谈等方式了解学生对课堂教学的满意度和反馈，以此来评估教学质量。

3. 学生的音乐素养

音乐素养是评估音乐教学效果的重要标志之一，可以通过学生的演奏、创作、欣赏等方面来评估。

（二）教师能力提升评估

1. 教师的岗位晋升

如果教师的岗位晋升，说明教师的能力得到了认可，从而可以间接地反映音乐教研机制的效果。

2. 培训证书

如果教师参加了培训并获得了相应的证书，说明教师的能力得到了提升，从而可以评估音乐教研机制的效果。

3. 参与教研活动的数量

如果教师积极参与教研活动，说明教师对于自身能力提升和教学质量的重视程度高，可以以此作为音乐教研机制的效果进行评估。

4. 教学经验

如果教师的教学经验得到了丰富和积累，说明教师的能力得到了提升，这也是音乐教研机制的效果体现。

（三）教研成果评估

音乐教研机制最终的目的是提升教学水平和教学效果，因此评估教研成果也是评估机制效果的重要指标。

1. 发表论文

如果教师或者团队在音乐教育领域发表了高质量的论文，说明教研机制的效果得到了认可和肯定。

2. 获得奖项

如果教师或者团队在音乐教育领域获得了相关的奖项，说明教研机制能有效激发教师的个人竞技成绩。

3. 取得教育成果

教师或者团队在音乐教育领域取得了一定的教育成果，如学生在音乐比赛中获得了好成绩等。

（四）教研活动开展情况评估

（1）教研活动的数量。

（2）参与人数。

（3）教研成果的质量。

通过评估音乐教研机制的效果，可以发现教学中存在的问题和不足，从而及时采取措施，可以了解教师的能力提升情况，促进教师的专业发展和职业晋升；可以发现优秀的教研成果并加以推广，从而促进教研成果的转化和应用；可以发现教研活动中存在的问题和不足，并采取措施加以改进，提高教研活动的质量和效益；可以了解教育资源的利用情况和效果，从而优化教育资源的配置，提高教育资源的利用效率。

评估音乐教研机制的效果对于促进教学质量的提高、教师能力的提升、教研成果的转化和推广、教研活动的质量和效益的提高以及优化教育资源配置等方面都具有重要的意义。

第三节　如何设计音乐教研活动

教研活动的设计是指针对某一教育领域或者专业，制订一系列教研计划和教学方案，以达到提升教师教学水平、促进学生学习发展等目的的过程。教研的设计需要考虑教育领域的特点和实际需求，明确教学目标和主题，制定教学内容和教学方式，确定教学时间和地点，以及评估教学效果。教研的设计需要综合考虑多方面因素，确保教研活动的顺利开展和取得预期效果。

一、考虑因素

（一）学科领域特点

学科领域特点包括以下几个方面。

1. 教育目的

教育的目的是培养人的全面发展和终身学习能力，促进社会的进步和发展。音乐教育领域的特点在于对学生进行审美教育、情操教育、心灵教育，开展培养想象力和创新思维等重要课程，具有审美性、情感性、实践性、创造性、人文性等特点。

2. 学习者

学习者是教育活动的核心，他们的年龄、性别、文化背景、认知水平等方面的差异都会影响教学策略和教学效果。教育领域的特点在于，学习者是多样化的，需要根据学生的个体差异，制定差异化教学策略，以满足学生的需求和提高教学效果。

3. 教师

教师在教育领域中扮演着重要的角色，他们需要具备专业知识和教学技能，能够根据学生的需要和学科特点，制订有效的教学方案。教育领域的特点在于，音乐教师需要不断提高自己的教学水平和教学能力，适应教育发展的需要，为学生提供更好的教育服务。

4. 教育内容

教育内容涵盖了课程理念、课程目标等，需要深入研究艺术课程核心素养，根据不同科目的特点和学生的需求，制定相应的教学内容和教学方法。音乐教育内容需要根据课标的引领和学科发展趋势进行调整和更新，以适应新时代的教育需求。

5. 教育环境

教育环境包括学校、家庭、社会等多个方面，需要创造良好的教育环境，提供适宜的教育资源和条件，以支持学生的学习和发展。教育环境需要不断优化和改进，注重研究学生如何进行审美感知、如何进行艺术表现、如何进行创意实践、如何进行文化理解，以提高学生的学习积极性和学习效果。

6. 教育评估

教育评估是教育领域中的重要环节，可以通过评估教学效果和学生的学习成果，检验教学质量和改进教学方法。音乐教育评估需要全面、一致、客观、科学地进行，即要研究教与学如何统一、教与评如何统一、学与评如何统一。同时，还需要根据艺术课标指引，进行随堂评价、课后评价、测试评价等评估结果，制定相应的教育政策和措施，以提高教育质量和效果。

（二）教研实际需求

教研实际需求是根据教研和教研员定位的。教研活动就是服务教师专业成长，服务学生终身发展，服务学校教育教学，服务教育教学政策。因此，从教师、学生、学校三个角色来分析教研需求的具体方法如下。

1. 教师角色

音乐教师是教研活动的主要参与者和组织者，他们需要不断提高自身专业水平和教学能力，以提高教学效果和满足学生的学习需求。因此，音乐教师在教研中的需求主要包括：

（1）学习新的教学策略和方法；

（2）深入研究某一学科或领域，掌握更多的专业知识；

（3）探索新的教育模式和教学技术，提高教学创新能力；

（4）了解学生的学习需求和心理特点，制订个性化教学方案；

（5）获取更多的教学资源和支持，以提高教学质量。

2. 学生角色

学生是教研的受益者之一，他们需要获得高质量的教育资源和服务，以提高自身学习成果和竞争力。因此，学生在教研中的需求主要包括：

（1）获得优秀的教学资源和教学支持，以提高学习效果；

（2）掌握更多的知识和技能，以满足个人发展需求；

（3）学习适合自己的学习方法和策略，以提高学习效率；

（4）获得更多的学习机会和资源，以拓展自身视野和经验；

（5）参与教研活动，提高创新能力和实践能力。

3. 学校角色

学校是教育服务的主要提供者和管理者，需要为师生提供高质量的教学资源和服务，以提高教育质量和竞争力。因此，学校在教研中的需求主要包括：

（1）提供优秀的教学资源和支持，以提高教学质量和效果；

（2）建立科学的教研管理体系，推动教学改革和创新；

（3）加强师资队伍建设和培训，提高教师的专业水平和教学能力；

（4）创造良好的教育环境和氛围，激发学生的学习兴趣和积极性；

（5）加强与社会和企业的合作，提高教育服务的质量和效益。

（三）目标与主题

音乐教研活动的目标和主题应该明确具体，如提高教师的音乐教育水平、探讨音乐教学新方法等。在确定目标和主题时，要充分考虑参与者的需求和期望，确保活动内容与参与者的实际需要相符。

1. 确定教研目标

音乐教研活动的目标可以是提高学生音乐素养、探索新的教学方法、研究音乐教育的发展趋势等。在确定教研目标时，需要考虑参与者的需求和实际情况，以便更好地制订教研方案和内容。

2. 确定教研主题

音乐教研活动的主题可以是音乐教学策略、音乐教材选择、音乐教育评价等。在确定教研主题时，需要根据教研目标和参与者的需求，选择合适的主题，以便更好地制订教研方案和内容。

（四）内容与方式

音乐教研活动的内容和方式应该多样化，既要有专业的讲座和培训，又要有案例分享和实践活动。例如，可以邀请专业音乐教育学者举办讲座，分享最新的音乐教学理论和实践案例，也可以组织音乐教学案例分享，让教师们分享自己的教学经验和心得体会。此外，还可以开展音乐教学实践活动，让教师们亲身体验和探究新的教学方法。

（五）时间与地点

音乐教研活动应该选定合适的时间和地点，避免与其他重要活动冲突，同时考虑场地大小和设备设施是否满足活动需求，提前与承办学校进行商榷，指导学校安排好场地和各项后勤服务。例如，可以在学校的音乐教室或多媒体教室举行，确保场地的音响设备和投影仪等设施齐全，且要提前试机。

（六）评估与总结

音乐教研活动结束后，应该对本次活动进行评估和总结，收集参与者的反馈意见，为下一次活动做好准备。例如，可以通过问卷调查或者小组讨论等方式，了解参与者对活动的满意度和改进意见，同时对本次活动的成功经验和不足之处进行总结和归纳，为下一次活动提供经验和借鉴。

二、设计策略

（一）教研目标明确

教研活动的目标应该尽可能地明确和具体，以便更好地指导教研活动的开展和评估。在确定教研目标时，需要考虑参与者的需求和实际情况，以便更好地制订教研方案和内容。

假设我们的教研目标是提高学生的音乐素养，我们可以设计一个以“多元文化视角下的音乐教育”为主题的教研活动。在这个教研活动中，我们可以邀请专家学者为参与者讲授关于多元文化视角下的音乐教育的理论和实践，并组织参与者进行案例研究和讨论。根据这个目标，我们可以制定以下教研内容。

1. 讲座

邀请专家学者为参与者讲授多元文化视角下的音乐教育的理论和实践，介绍不同文化背景下的音乐特点和教育方式。

2. 案例分享

参与者分享自己的教学案例，并结合多元文化视角进行分析和讨论。

3. 教学资源分享

参与者分享自己收集或制作的多元文化教学资源，如音乐视频、音乐文献等，并进行交流和讨论。

4. 实践环节

组织参与者进行多元文化音乐教育的实践活动，如合唱、演奏等，以提高参与者的音乐素养和实践能力。

5. 教研成果展示

参与者展示自己的教研成果，如教学设计、教学视频等，并进行评估和反馈。

通过以上教研内容的设置，我们可以达到提高参与者音乐素养和探索多元文化视角下的音乐教育的目标。同时，我们还可以根据教研效果评估结果，对教研内容和方式进行改进和完善，提高教研的实际效果和参与者的满意度。

（二）教研主题选择

教研主题应该与教研目标密切相关，以满足参与者的需求和实际情况。选择合适的教研主题可以提高教研的实效性和参与者的满意度。

假设我们的教研目标是探索新的教学方法，那么我们可以选择以“基于数字化技术的音乐教学创新”为主题。在这个教研主题下，我们可以邀请专家学者来讲解数字化技术在音乐教学中的应用，并组织参与者进行案例研究和讨论。

1. 讲座

邀请专家学者介绍数字化技术在音乐教学中的应用，如使用音乐制作软件、音乐编辑软件等工具进行教学。

2. 实践环节

组织参与者进行数字化技术在音乐教学中的实践活动，如制作音乐视频、音乐演示等。

3. 案例分享

参与者分享自己的数字化技术在音乐教学中应用的教学案例，并结合实践经验进行分析和讨论。

4. 教学资源分享

参与者分享自己收集或制作的数字化技术教学资源，如音乐视频、音乐文献等，并进行交流和讨论。

5. 教研成果展示

参与者展示自己的教研成果，如教学设计、教学视频等，并进行评估和反馈。

通过以上五个内容的设置，我们可以达到探索数字化技术在音乐教学中的应用的目标，并完成这个主题的教研。同时，我们还可以根据实际效果对教研内容和方式进行改进和完善，提高教研的实际效果和参与者的满意度。

（三）教研内容制定

教研内容应该根据教研目标和主题来确定，以便更好地实现教研目标和主题。在教研内容制定时，需要考虑参与者的特点和实际需求，如讲座、讨论、实践等。

假设我们的教研目标是提高学生的音乐素养，那么我们可以选择以下教研内容：探讨如何通过多种教学手段来提高学生的音乐素养。

1. 讲座

邀请专家学者介绍音乐素养的概念和内涵，以及不同年龄段学生音乐素养的培养方法。

2. 实践环节

组织参与者进行音乐素养实践活动，如唱歌、演奏等，以提高参与者的音乐素养和实践能力。

3. 案例分享

参与者分享自己的音乐素养教学案例，并结合实践经验进行分析和讨论。

4. 教学资源分享

参与者分享自己收集或制作的音乐素养教学资源，如音乐视频、音乐文献等，并进行交流和讨论。

5. 小组讨论

针对不同年龄段学生的音乐素养培养方法，组织参与者进行小组讨论，共同探讨如何更好地提高学生的音乐素养。

6. 教研成果展示

参与者展示自己的教研成果，如教学设计、教学视频等，并进行评估和反馈。

（四）教研方式选择

教研方式应该根据教研内容和参与者的特点来选择，以增加教研的互动性和实效性。比如，可以选择线上或线下教研方式，或者采用混合式教研方式，以满足不同参与者的需求。

1. 线下教研方式

在音乐教室或音乐厅等场所进行实地教学，让参与者亲身体验和感受音乐的魅力。这种方式可以提供更好的实践环境和学习体验，但需要考虑参与者的交通和住宿等问题。

2. 线上教研方式

通过网络平台进行线上教研活动，如在线讲座、在线讨论、在线实践等。这种方式可以避免参与者因地点限制而无法参加教研活动的问题。

3. 混合式教研方式

结合线上和线下教研方式进行教研活动，既可以利用网络平台进行远程教学，也可以在特定场所进行面对面交流和实践。这种方式可以灵活安排教研时间和地点，同时也可以满足不同参与者的需求。

根据不同的教研方式，我们可以制订相应的教研方案和内容，以满足教研目标和参与者的需求。例如，在线下教研方式下，我们可以邀请专业音乐家进行现场演奏和指导，让参与者亲身体验音乐的魅力；在线上教研方式下，我们可以邀请专家学者进行在线讲座和讨论，同时还可以通过网络平台分享教学资源和案例；在混合式教研方式下，我们可以结合线上和线下教研方式，让参与者既能够亲身体验音乐的魅力，又能够通过网络平台进行远程教学和交流。综合考虑参与者的实际需求和教研目标，选择合适的教研方式可以提高教研的实效性和参与者的满意度。

（五）参与者管理

在教研活动中，需要对参与者进行有效的管理，包括教研活动的宣传、报名、参与者的筛选等。同时，还需要制定相应的教研管理规定，确保教研活动的顺利开展。

以下是一些管理参与者的建议。

1. 确定参与者数量

在教研活动开始前，需要确定参与者的数量和身份，以便更好地安排教研内容和教研方式。如果参与者数量过多，可以考虑分批进行教研活动。

2. 发布招募通知

在教研活动开始前，需要发布招募通知，明确教研活动的主题、时间、地点、参与者要求等信息，并提供报名方式和联系方式。

3. 确定参与者资格

根据教研活动的主题和目标，需要确定参与者的资格和要求，如学历、专业背景、工作经验等。只有符合条件的参与者才能够参加教研活动。

4. 组织参与者交流

在教研活动进行期间，需要组织参与者进行交流和讨论，共同探讨教研主题。可以通过小组讨论、座谈会、互动环节等方式进行交流。

5. 提供必要支持

在教研活动中，需要为参与者提供必要的支持，如提供教材、教学资源、实践环境等。同时，还需要为参与者提供必要的交通和住宿支持。

6. 收集参与者反馈

在教研活动结束后，需要收集参与者的反馈意见，以便对教研活动进行评估和改进。可以通过问卷调查、座谈会、个别访谈等方式收集反馈意见。

通过以上管理参与者的建议，我们可以更好地组织和管理音乐教研活动，提高参与者的满意度和教研效果。

（六）教研评估

教研效果评估是衡量教研质量的重要指标。在音乐教研活动结束后，需要进行教研效果评估，收集参与者的反馈意见，以便为下一次教研活动做好准备。同时也可以根据评估结果对教研内容和方式进行改进和完善。

在音乐教研活动结束后，需要对教研效果进行评估，以便对教研活动进行总结和改进。以下是一些评估教研效果的建议。

1. 设计评估指标

需要设计评估指标，明确评估的内容、方法和标准。例如，可以评估参与者的学习效果、实践能力、教学水平等。

2. 选择评估方法

根据评估指标和教研活动的特点，选择合适的评估方法。例如，可以通过问卷调查、座谈会、个别访谈、教学观摩等方式进行评估。

3. 收集数据和信息

需要收集参与者的学习成果、教学设计、教学视频等数据和信息，以便进行评估和总结。

4. 分析和解读数据

在收集了足够的数据和信息后，需要进行数据分析和解读，以确定教研活动的实际效果和存在的问题。

5. 总结教研活动

根据评估结果，总结教研活动的优点和不足，提出改进和完善的建议。

6. 形成评估报告

需要形成评估报告，向参与者和其他相关人员汇报教研活动的实际效果和改进建议。

通过以上评估教研效果的建议，我们可以更好地了解教研活动的实际效果和存在的问题，为今后的教研活动提供参考和借鉴。

第四节　如何跟进音乐教研过程

音乐教研活动可以让老师们交流教学经验，学习新的教学方法和理念，提高自己的教学水平。同时，也可以促进学生的音乐素养和音乐欣赏能力的提高。但教研过程的跟进也直接关系到教研成效。

跟进教研活动的重要意义在于不断提升教师自身教研水平，提高学科教学质量。通过跟进教研活动，可以及时了解教研动态和过程，并通过在教研活动中学到的最新教学方法、理念和技巧，来更好地指导自己的教学和学生的学习。同时，也可以与其他老师进行交流和互动，分享彼此的经验和教学成果，共同探讨教学中的难点和问题，以达到相互促进、共同提高的目的。

一、从宏观角度看如何跟进音乐教研

跟进音乐教研过程主要有六个步骤。

（一）参加音乐教研会议

参加音乐教研会议是了解教研主题、目标和计划安排的重要途径。在会议上，可以听取其他老师的经验分享，学习到新的教学资源和策略。同时，也可以与教研小组成员交流合作，共同制订教研计划。

（二）跟进教研进度

需要及时跟进教研小组的进度，了解是否有需要协助的地方。可以通过邮件、微信等方式与教研小组成员联系，提供支持和帮助。

（三）收集教研材料

需要收集并整理教研小组共享的资料和资源，包括课件、教案、评估工具等。这些资料可以帮助自己更好地实施教研计划。

（四）实施教研计划

根据教研小组的计划和自己的教学需求，制订自己的教研计划，并按照计划实施教学活动。在实施过程中，需要记录下教学的重点、难点和亮点，以便后续总结和分享。

（五）分享教学经验

将自己的教学经验和成果与教研小组成员分享，获得反馈和建议，不断改进自己的教学方法和策略。可以通过会议、邮件等方式分享，也可以组织教学观摩活动，邀请其他老师前来观摩和交流。

（六）参与教研总结

参与教研总结会议，可以回顾教研过程和成果，总结经验和教训。在总结会议上，可以听取其他老师的总结报告，分享自己的教学心得，提出改进建议，为教研活动的持续发展做出贡献。

二、从不同角色来看如何跟进音乐教研

前面章节已提到，教研活动主要有三个层面的角色定位，分别是教研管理者、音乐教研员和音乐教师。他们在教研活动中起到了不同的作用，在跟进教研活动中也能发挥其自身能效，助力教研活动顺利开展，确保教研活动有成效、有收获。

（一）教研管理者

1. 设立教研小组

在自己的区域或学校内设立音乐教研小组，确定教研主题和目标。可以考虑将教研小组分为小学、初中和高中三个独立小组，以便更好地针对不同年级的需求展开教研活动。

2. 提供支持和资源

为教研小组提供必要的支持和资源，包括专家资源、平台资源、教学设备、教材和教学资料等。例如，可以为教研小组提供电子琴、吉他、鼓等乐器，以及音乐软件和在线课程等资源。

3. 指导和督促

指导和督促教研小组成员按照计划实施教研活动，并及时解决遇到的问题

和困难。可以定期与教研小组成员进行交流和沟通，了解教研进展情况，并提供必要的指导和建议。

4. 组织总结会议

组织教研总结会议，回顾教研活动的成果和经验，会议可以邀请其他学校的音乐教师参加，促进教学经验和资源的共享。

（二）教研员

1. 策划教研

根据教研主题和目标，策划教研计划，并与教研小组成员共同制订。教研计划应该包括教学内容、教学方法、教学手段和评估方式等。

2. 跟进教研

及时跟进教研小组的进度，了解是否有需要协助的地方，并提供必要的支持和帮助。可以在教研过程中及时收集教学资料和数据，以便更好地评估教研活动的效果和成果。

3. 收集材料

收集并整理教研小组共享的资料和资源，包括课件、教案、评估工具等。可以建立一个共享平台，让教研小组成员可以自由地上传和下载教学资源。

4. 实施教研

协助音乐教师实施教研计划，提供相应的指导和建议。可以根据教学需求和实际情况，为音乐教师提供个性化的教学支持。

（三）音乐教师

1. 参加音乐教研会议

参加音乐教研会议，了解教研主题、目标和计划安排。在会议上可以与其他音乐教师交流和分享自己的教学经验和心得。

2. 跟进教研进度

及时跟进教研小组的进度，了解是否有需要协助的地方，并提供必要的支持和帮助。可以积极参与教研活动，为教研活动的顺利进行贡献自己的力量。

3. 实施教研计划

根据教研小组的计划和自己的教学需求，制订自己的教研计划，并按照计划实施教学活动。可以不断调整和改进自己的教学方法和策略，以提高教学效果。

4. 分享教学经验

将自己的教学经验和成果与教研小组成员分享，获得反馈和建议，不断改进自己的教学方法和策略。可以在教研小组共享平台上上传自己的教学资源，与其他音乐教师共同分享。

5. 参与教研总结

参与教研总结会议，可以分享自己的教学经验和成果，为其他音乐教师提供参考和借鉴。

三、跟进音乐教研的关注点在哪

不管是何种身份组织或参加音乐教研活动，在音乐教研活动的时候要清楚关注点在哪。否则就会出现无依无据，抓不住重点的现象，不能很好地紧跟新时代教育需求。

（一）关注教师有没有分享与交流

音乐教研活动是老师们相互学习的平台，可以通过分享自己的教学经验和方法，探讨教学中遇到的问题，共同寻找解决方案。老师们可以从彼此的经验中汲取营养，发现自己的不足之处，并不断完善自己的教学技能。

（二）关注教师有没有对教材进行研究

教材和资源是非常重要的一环，好的教材和资源可以有效地提升教学效果。因此，老师们可以分享教材和资源的使用心得，探讨如何更好地利用现有的教学资源来提高教学效果。

（三）关注有没有对教育理念和方法进行探讨

音乐教育不仅仅是传授知识，更是培养学生的音乐素养和文化修养。因此，老师们可以就音乐教育的目标、价值观、教育方式、教学方法等方面进行深入的探讨，以期提高音乐教育的质量。

（四）关注教研中有没有教育技术的应用

随着信息技术的不断发展，教育技术在音乐教育中的应用也越来越广泛。老师们可以分享教育技术的应用经验，探讨如何更好地利用现有的技术手段来支持音乐教育的发展。

（五）关注教师有没有对教研进行评价和反馈

教师的评价和反馈是衡量教研效果的重要指标之一。老师们可以分享自己对教研活动的评价和反馈，教研组收集好反馈后进行分析，得出改进方法和经验，探讨如何更好地了解教师的教研需求和意见，以便更好地开展教研工作。通过收集教师的反馈，教研负责人可以及时发现自己的不足之处，并加以改进。

四、跟进音乐教研的策略有哪些

在跟进教研活动时，如果只知道关注点还不够，如果出现了问题，作为教研管理者还要清楚如何去解决问题，那这个时候就要有一定的处理技巧和策略。

讲究策略地去解决音乐教研活动中出现的问题，可以帮助我们提高效率、保证质量、激发创新、增强团队凝聚力、推动音乐教育发展。

（一）要确定活动主题和议程

通过周期性的观察，你如果发现教研活动没有主题，每期都是不断地更换内容，让老师们成为无头苍蝇或像蜻蜓点水一样，那就是教研出了问题。最起码教研的主题和议程是乱的，或者是没有主题，想到什么就开展什么教研活动。

这个时候，作为教研管理者、教研员，或者是音乐老师，就要提出来，让大家关注到这个问题，并重新梳理教研的主题和议程的设计。

例如，在确定音乐教研活动的主题和议程时，可以参考各个年级的教学大纲和课程要求，结合当前的教学实际情况进行制定。确保活动目标明确、内容充实，能够满足参与者的需求，提高大家的教学水平和能力。

（二）要提前发布活动通知和提醒

不知你有没有遇到过，当你收到通知的时候教研活动就在当天或时间很紧急，在自己必须参加的情况下你就要赶紧协调好自己的工作，这让教师们感觉到教研活动不定期，导致缺席情况严重。当存在这种情况的时候，就说明教研活动没有计划，想开就开，让下面的一线老师有时候措手不及，打乱教师们的工作计划，甚至是为了开教研会，自己的课堂都没人管理。

当发现教研活动缺席情况比较严重，且事先没有收到教师请假的时候，就要思考一下是不是在教研管理上出现了问题。所以，建议组织教研活动的时候要提前发布活动通知，且要注意选择合适的时间和渠道，比如在教师微信群中发布、在学校公告栏上张贴等，以便尽可能多的老师能够看到并参加。同时，要在活动前进行提醒，确保参与者不会忘记活动时间和地点。

（三）要提前准备活动材料和设备

在开展教研活动时，如果发现环节不紧凑、让教师们干着急、等待时间过长的情况，那就说明教研准备不充分，浪费教师们的时间。所以，我们要事先准备好所需的PPT、音响设备、台牌等，这些都是教研活动顺利进行的重要保障。在准备过程中，要充分考虑参与者的需求和活动的实际情况，确保所准备的材料和设备能够满足大家的需求，避免因为设备等问题影响活动效果。

（四）要有活动过程和记录成果

有些教研活动，音乐老师聚集在一起唱一唱、跳一跳、听一听就散了，对每次教研活动的过程都没有记录，没有给教研活动留下工作痕迹。建议教研组织者要组建教研宣传组，要按照议程组织参与者进行讨论和交流，并及时记录活动中的成果和收获。可以通过文字记录、拍照或录像等方式进行记录，方便后期总结、分享和宣传。同时，要注意控制活动时间，避免时间过长或过短，影响到活动效果。

（五）要在教研活动后有跟进和反馈

在活动结束后，要及时通过问卷的形式对活动进行总结和反馈，收集音乐教师们的意见和建议，以便后续的活动能更好地满足参与者的需求。同时，要将本次活动的成果和收获分享给其他老师，鼓励大家互相学习和借鉴。可以通过邮件、微信群等方式进行分享，提高大家的教研组织水平和研究教研的能力。

第五节　如何制定音乐教研评价

评价是一种对某个对象或者事物进行判断和评估的过程。在不同的领域中，评价的对象可以是人、物、事、情况等，而评价的目的则是为了对其进行优劣、好坏、重要性等方面的评判，以便对其进行改进和调整。

评价通常需要根据一定的标准或者指标进行，这些标准或者指标可以是事先规定的，也可以是根据实际情况进行制定的。评价的结果可以是定性的，也可以是定量的，可以通过各种形式的报告、反馈、评论等进行传达。在各个领域中，评价都是非常重要的一个环节，它可以帮助我们更好地了解和改进事物的质量和效果。

教研评价是对教研工作进行评估和改进的过程。它包括对教师教研能力、教研方法、教研内容、教研成效等方面的评估和反馈，以便教师在教研过程中不断改进和提高。教研评价也可以帮助学校管理者了解教学质量的现状，为学校决策提供参考。在教育教学领域，教研评价是非常重要的一环，可以促进教育教学的发展和进步。所有学科在开展教研活动时都要有评价意识，它为教研管理者、教研员、教师更好地开展教研活动提供有力实证，音乐教研亦是如此。

一、音乐教研评价的主体

音乐教研的评价主体应该包括教育管理部门、教师、同行、学生、家长等多个方面。

（一）教育管理部门

首先，教育管理部门是教研评价的主体之一，他们在教研评价中扮演着重要的角色，需要在制定标准、监督评估、推进改进、保护教师权益、激励鼓励等方面做好工作，以确保教研工作的顺利开展和取得好的效果。

同时，教育管理部门也是对教育质量和教学效果直接负责的人员，需要对区域和学校的教研评价工作进行组织、协调和监督。教育管理部门可以制定教研评价的标准和指标，并对教师的教学工作进行监督和评估，以确保教育教学工作的质量和效果。

此外，教育管理部门还可以组织教师参加各种培训和研修活动，提高他们的教学水平和教育教学能力，从而更好地推进教育教学工作。教育管理部门可以根据教研评价的结果，制定出相应的教学改进措施和计划，对学校的教育教学工作进行调整和优化，以提高学校的整体教育质量。

另外，在教研评价中，教育管理部门还需要注重保护教师的权益，避免过于强调教师的个人表现，而忽视了教师的整体能力和教研效果。同时，教育管理部门还需要注重对教师进行激励和鼓励，让他们感受到自己的付出得到了认可和回报，从而更好地激发他们的教研热情和工作积极性。

（二）教师

教师是教研评价的重要主体，他们需要对自己的教研情况进行反思和评估，不断完善和提高自己的教研能力和教学水平。

首先，教师需要对自己的教研目标、教研内容、教研方法、教研态度等方面进行评估和反思，以便更好地满足自身教研的需求和提高教研效果。

其次，教师需要在教研过程中注重教研组对其教研的情况反馈，以便及时端正自身的教研态度，调整自己参与教研的策略和方法，更好地促进自身的学习。

再次，教师还可以通过参加各种教研活动、交流教学经验、与同行互动等方式，不断提高自己的教研水平和教育教学能力，从而更好地推进所在区域或学校的教育教学工作。

最后，教师在教研评价中还需要注重自我反省和改进。教师需要不断地审视自己的教学工作，发现问题并及时改正，以便更好地提高自己的教学效果和教研教学能力。例如，可以通过向教研组发放问卷调查、讲评会等方式收集其他教师的意见和建议。

（三）同行

同行评价也是音乐教研评价的重要方式之一。教师之间可以互相观课、交流教学经验、相互评价和提出建议，以便更好地促进音乐教学的发展和进步。

首先，同行可以在教研活动时对教学工作进行观摩和评估。教师们可以相互观看课堂教学，了解其他教师的教学风格和方法，从而对自己的教学进行反思和改进。通过观摩他人的教学，教师们可以发现自己在教学过程中存在的问题和不足之处，从而更好地提高自己的教学效果。此外，教师们可以相互评估，交流意见和建议，从而更好地推动学校教育教学工作的发展。

其次，同行可以在教研过程中相互支持和鼓励，共同提高教学水平和教育教学能力。教师们可以互相交流教学经验、分享教学资源、研讨教学问题等，以便更好地促进学科教学水平的提高。通过相互支持和鼓励，教师们可以更好地应对教学工作中的挑战和困难，从而更好地提高教学效果和教育教学能力。

最后，同行评价还可以促进教学质量的提高和学校整体教育水平的提升。通过同行之间的互动和合作，可以形成良好的教育教学氛围，激发教师们的教学热情和工作积极性。同时，教师们可以在同行之间分享教学资源和经验，不断提高自己的教学水平和教育教学能力，从而促进教学质量的提高和学校整体教育水平的提升。

可见，同行在教研评价中具有重要的主体地位，他们可以相互观摩和评估、相互支持和鼓励、共同提高教学水平和教育教学能力，以及促进教学质量的提高和学校整体教育水平的提升。

（四）学生

学生是教研评价的一个重要主体。学生是教育教学的直接受益者，他们对教学质量和教学效果的评价具有重要的参考价值，而教学质量和效果的评价能直接反映教研的成效如何，可以为教师和教育管理者提供有益的反馈和建议。

首先，学生可以对教学内容和教学方法进行评价。学生可以通过考试成绩、课堂表现、问卷调查等方式对教学内容和教学方法进行评价，以便更好地了解自己的学习情况和教学效果。教师和教育管理者可以根据学生的评价结果，对教学内容和教学方法进行调整和改进，以更好地满足学生的需求和提高教学效果，并以此作为改进教研工作的依据。

其次，学生可以对教师的教学能力和态度进行评价。学生可以通过观察教师的教学风格和态度，对教师的教学能力和教学态度进行评价，以便更好地了解教师的教学水平和教育教学能力。教师可以根据学生的评价结果，对自己的教学风格和态度进行反思和改进，以更好地促进学生的学习和成长，让教师在教研活动时更有动力去改进自身的教育教学能力。

最后，学生还可以对教育教学设施和资源进行评价。学生可以通过对教室环境、教学设备和教学资源的评价，提出自己的需求和建议，以便更好地改善教育教学环境和条件。

学生作为教研评价的一个重要主体，他们可以对教学内容和教学方法进行评价，对教师的教学能力和态度进行评价，以及对教育教学设施和资源进行评价。他们的评价结果对于教师和教育管理者来说具有重要的参考价值，可以为教育教学工作的改进和提高提供有益的反馈和建议。

（五）家长

家长在教研评价中也具有重要的主体地位。家长作为学生的监护人和教育合作伙伴，可以对学生的学习情况和教学效果进行评价，从而为教师和教育管理者提供有益的反馈和建议。

首先，家长可以对学生的学习情况进行评价。家长可以通过与孩子的交流、观察孩子的学习情况等方式，了解孩子的学习情况和学习成果，并对教学效果进行评价（前面已提到教学效果其实反映的就是教研成效）。教师和教育管理者可以根据家长的评价结果，对教学内容和教学方法进行调整和改进，以更好地满足学生的需求和提高教学效果。

其次，家长可以对教师的教学能力和态度进行评价。家长可以通过与教师的沟通、观察教师的教学风格和态度等方式，对教师的教学能力和教学态度进行评价，以便更好地了解教师的教学水平和教育教学能力。教师可以根据家长的评价结果，对自己的教学风格和态度进行反思和改进，以更好地促进学生的学习和成长。

最后，家长还可以对教育教学环境进行评价。家长可以通过对教室环境、教学设备和教学资源的评价，提出需求和建议，以便更好地改善教育教学环境和条件。

家长可以对学生的学习情况进行评价，对教师的教学能力和态度进行评价，以及对教育教学环境进行评价。他们的评价结果对于教师和教育管理者来说具有重要的参考价值，可以为教育教学工作的改进和提高提供有益的反馈和建议。

二、音乐教研评价的目的

对中小学音乐教研活动的评价目的在于提高音乐教育的质量和效果，包括了解教师的教学水平和教学效果、发现教学问题和改进空间、推广优秀教学经验和方法、提高学生的音乐素养和创造力等方面。这些目的的实现有助于促进音乐教育的发展和提高学生的音乐素养和创造力。

（一）了解教师的教学水平和教学效果

评价可以通过观察音乐教师的授课情况、听取学生和家长的反馈意见等方式，了解音乐教师的教学水平和教学效果。通过评价结果，教师可以了解自己的教学优势和不足，从而更好地提高自己的教学水平和教育教学能力，促进学生的学习和成长。

（二）发现教学问题和改进空间

评价可以帮助教师发现自己教学过程中存在的问题和不足之处，从而及时进行调整和改进。教师可以根据评价结果，对教学内容、教学方法等进行调整和改进，从而更好地满足学生的需求和提高教学质量。

（三）推广优秀教学经验和方法

评价可以发现和推广优秀教学经验和方法。通过评价结果，教师可以了解其他教师的优秀教学经验和方法，从而借鉴和吸收其他教师的优点，进一步提高自己的教学水平和教育教学能力。

（四）提高学生的音乐素养和创造力

评价可以通过了解学生的学习情况和反馈意见，发现学生的学习问题和需求，从而更好地促进学生的音乐素养和创造力的提高。教师可以根据评价结果调整和改进教学内容和方法，使学生更好地理解和掌握音乐知识和技能，培养学生的音乐兴趣和创造力。

三、音乐教研评价的原则

评价原则是评价活动应该遵循的基本准则和要求。音乐教研评价原则主要包括客观性、全面性、系统性、有效性和可操作性等方面。

（一）客观性原则

对音乐教研的评价应该客观、公正，不受主观因素的影响。评价结果应该真实反映教研实际情况，避免评价过于主观或带有偏见。为了保证评价的客观性，评价应该采用科学的评价方法，收集多方面的数据和信息，同时要避免单一评价指标的局限性。

（二）全面性原则

对音乐教研的评价应该全面、细致，不仅关注教研管理者、教师自身，还应该关注学生和家长的评价，尽可能做到全面地调研，确保评价从多个角度考虑教研工作的各个方面，以便更好地改进工作。

（三）系统性原则

对音乐教研的评价应该具有系统性，不仅要考虑单个教师或单个周次的情况，还应该考虑整个区域、学校，整个教研组的情况，从而更好地促进教育教学工作的改进和提高。评价应该从宏观和微观两个层面进行。

（四）有效性原则

对音乐教研的评价应该具有一定的实用性和针对性，评价结果应该能够为教师和教育管理者提供有益的反馈和建议，以便更好地促进教师的专业成长和提高教育教学质量。评价结果应该具有可操作性，能够被教师和教育管理者接受，并能够被转化为实际的行动计划。

（五）可操作性原则

对音乐教研的评价应该具有可操作性，不能评价得不切实际、不符常理，评价结果应该能够被教师和教育管理者接受，并能够促使教师转化为实际的行动计划，以便更好地改进教育教学工作。

这些原则的遵循有助于评价结果的真实反映，让教研工作得到改进和提高。

四、音乐教研评价的内容

评价内容是在某个领域中需要被评价的具体方面、要素或指标，通常根据评价的目的和对象而确定。评价内容可以是定性的描述，也可以是定量的数据指标，用于对某个事物或行为进行评价和判断。例如，在教育领域中，评价内容可能包括教师的教学能力、学生的学习情况、课程设置等方面；在企业管理领域中，评价内容可能包括企业的绩效、员工的表现、市场竞争力等方面。而教研评价的内容可能就是教研目标达成度、教研方式的有效性、教师的教研态度和行为、教研资源的利用、教研反思和改进等。无论是哪个领域的评价，评价内容的确定都需要考虑评价的目的和对象，并根据评价标准进行制定和选择。

（一）教研目标的达成度

教学目标是教师设计教研活动的基础，评价音乐的教研目标是否能够达到预期效果，需要从教师对自身学科知识的掌握情况、教研兴趣的提高以及教师参与教研的表现等方面进行考察。教研目标达成度的评价策略可以根据具体情况进行选择和制定，以下是几种常见的评价策略。

1. 观察法

通过观察音乐教师参与教研的表现、交流展示的内容、教师的研讨交流过程等来评价目标的达成度。

2. 测验法

通过对音乐教师进行简单的测试、考查等方式来评价教师对每次教研活动所学内容的掌握情况，从而评价目标的达成度。而测验的方式不一定是做题，可以创新测验方法，如口头回答、抽签问答、教研思考的撰写等。

3. 问卷调查法

通过向教研管理者、音乐教研员、音乐教师等发放问卷，了解他们对教研质量和目标达成度的评价意见和建议。

4. 访谈法

教研管理者通过与音乐教师进行访谈，了解他们对教研目标的理解和掌握情况，从而评价目标的达成度。

5. 成果展示法

通过组织音乐教师进行课例成果展示、教师音乐会、教研技能比赛、作品展示等活动，展示教师的音乐素养和能力，给他们提供一个输出平台。

不过，在选择评价策略时，需要根据具体目标和评价对象的特点进行选择，并结合多种评价策略进行综合评价。

（二）教研方式的有效性

教研方式是教师用于开展教研活动、增进交流、引导教师思考和培养教研能力的手段，评价教研活动的开展是否能够激发教师的教研兴趣，提高教研效率，促进教师的教研思维发展，需要从教师的教研态度、教研参与度、教研成果等方面进行考察。

评价教研方式的有效性需要从多个角度进行考虑，并根据具体情况选择相应的评价策略。

1. 教研效果

评价教研方式的有效性，需要从教研效果出发，观察音乐教师的教研状态和自身态度、业绩变化等。例如，通过比较实验组和对照组的音乐教师教研差异来评价教研方式的有效性。

2. 个人反馈

音乐学科教研的主观性很强，加之音乐教师的个性化思维和认知，对教研的评价会有自己独特的看法。所以，了解音乐教师对教研方式的反馈，包括对教研内容、教研方法、教师的表现等方面的反馈，从而评价教研方式的有效性。

3. 教师反思

评价教研需要考虑音乐教师对自己的教研进行反思的情况。通过听取教师的反馈和看到教师在教研中的改进与变化做长期跟进，以此来评价教研方式的有效性。

4. 教师参与度

评价教研还需要考虑音乐教师的参与度。包括教师的教研迟到和旷课情况，教师是否乐于参加研讨和发言，教师对教研的重视程度等，如果教师能够积极参与到教研活动中，说明教研方式的有效性较高。

5. 教研成果

评价教研最终需要看到教研成果的产生，如教师的教学改进、教师个人业绩的提升、学生的学习成果等方面。只有达到预期的教研成果，才能说明教研方式的有效性高。

（三）教师的教研态度和行为

教师的教研态度和行为对于教研质量的影响非常大，评价教师对教研的态度、行为是否积极，是否能够按时完成教研任务，可以通过观察教师的教研表现、教研记录、后续自我改进提升情况等途径进行考察。

在评价音乐教师的教研态度和行为时，要注意二者相结合。这是因为态度的评价较为主观，而行为的观察相对客观。对音乐教师的教研态度和行为可以从以下几个维度进行评价。

1. 教研的积极性

评价音乐教师的教研态度，需要考察教师是否具有积极的教研意识，是否能够主动参与教研活动，以及是否愿意借助教研来提高自己的教学水平。

教研意识是指教师对于教育教学改进的认识和态度，包括教师对于教学问题的敏感性、主动性和创新性。具有良好的教研意识的教师，能够深入思考教学实践中存在的问题，并积极地寻找解决问题的方法和途径，以提高自己的教学水平和教学成果。教研意识在教研观察中是非常重要的一个指标，有教研意识的教师能够在教研中促进自身的个人成长和专业发展，提高教学质量和效果，能够及时了解并掌握教学变革的趋势和新理念，不断更新自己的教学观念和方法，使自己的教学更加符合学生的需求和社会的发展需要。同时，教研意识也是教师终身学习的重要基础，能够激发教师的学习兴趣和动力，使他们不断地进行自我反思和提高，从而实现教师的自我成长和发展。教研意识是教师必须具备的重要素质，它能够促进教育教学改进和教师的个人成长，提高教学质量和效果。可以说，有教研意识的教师其教研态度一定好。

2. 教研的深度和广度

行为是意识的体现，评价音乐教师的教研行为，需要考察教师参与教研的深度和广度，即是否参与多个领域的教研活动，以及是否能够深入研究教研主题，并取得实质性成果。可以说，教研的深度和广度是教师参与教研活动的重要指标，能够反映出教师的教研态度、能力和水平。教师需要在教研活动中注重深度和广度的平衡，既要深入研究教学问题，也要关注多个领域的教育教学改革，从而提高自己的教学水平和教学质量。

教研的深度表现在是否能对某一教学主题进行深入研究的程度。教师需要通过收集、整理、分析和归纳相关资料，探讨教学问题的本质，提出切实可行的解决方案，并在实践中进行验证和改进。教研深度高的教师，能够深入了解教学问题的本质和内涵，从而更好地解决实际问题。

教研的广度表现在教师参与教研活动的领域和范围。教师需要关注教育教学改革的前沿动态，积极参与多个领域的教研活动，拓宽自己的知识面和视野，以便更好地满足学生的需求和社会的发展需要。教研广度高的教师，能够更好地适应教育教学的变革和发展，提高自己的教学水平和教学效果。

3. 教研的质量和效果

评价教研行为需要考察教师参与教研的质量和效果，即是否对教育教学实际问题进行深刻思考，并能够提出创新性、可操作性的解决方案。

评价教研的质量和效果需要考虑多个方面。比如，教研方向是否紧贴学生需求和社会发展需要，教研方法是否科学、有效，教研成果是否具有实际推广应用价值等。同时，还需要考虑教师在教研活动中的参与度和贡献度，以及教研成果在教学实践中的运用情况等。

教研的质量表现在音乐教师在教研活动中所提出的问题、解决方案、理论体系等是否科学、合理、创新。好的教研成果需要具有一定的学术价值和实践指导意义，能够为教育教学改革提供有益的思路和方法。

教研的效果表现在教师参与教研活动后，在教学实践中所取得的实际效果。好的教研成果应该能够使教师的教学水平得到提高，促进学生的学习兴趣和学习效果，从而实现教育教学的优化和提升。

评价教研的质量和效果需要从多个方面进行考虑，同时需要注重实际效果的检验和验证，以保证教研活动的实际价值和意义。

4. 教研成果的应用

评价教师的教研行为，最终需要看到教研成果的应用情况，即教师是否能够将教研成果转化为实际教学行动，使学生受益。

音乐教研成果的应用需要音乐教师在实际教学中进行落地，从而体现出教研成果的实际价值和意义。同时，还需要注重教研成果的推广和应用，通过分享、交流等方式，使更多的教师受益，促进教育教学改革的深入发展。教研成果的应用渠道可以有以下四个方面。

（1）教学设计

教师可以根据教研成果，对教学内容、教学方法、教学手段等方面进行设计和改进，使教学更加符合学生的需求和社会的发展需要。

（2）教学实践

教师可以通过教学实践，将教研成果转化为实际教学行动。例如，运用新的教学方法、教学手段，或者在课堂教学中注重学生的思维能力和实践能力等方面。

（3）教育科学研究

教师可以将教研成果运用到教育科学研究中，通过问题转变为课题，课题有解决问题的思路，探索新的教学理念和方法，为教育教学改革提供有益的思路和方法。

（4）教研成果

教研成果的应用是教师参与教研活动的重要目的之一，教研成果的应用需要教师在实际教学中进行落地，才能体现出教研的实际价值和意义。同时，还需要注重教研成果的推广和应用，以此来促进教学质量和效果的提高，为教育教学改革提供有益的思路和方法。

值得关注的是，评价教师的教研态度和行为需要从多个方面进行考虑，并根据具体情况选择相应的评价策略。同时，需要注意评价过程中的客观性和公正性，以确保评价结果的可信度。

（四）教研资源的利用

教研资源是支撑教研活动的重要条件，教研资源的利用是教师提高教育教学研究水平和教研成果质量的重要手段之一，它能够使教育教学研究更加深入、科学、实用，为教育教学改革提供有益的支持和指导，包括教育教学文献、研究报告、专家咨询、教育教学数据等。在教育教学研究过程中，合理、有效地利用各种教研资源，可以提高教研水平和教研成果的质量和效果。

1. 教育教学研究

音乐教师在教研活动时是否能利用教育教学文献、研究报告等教研资源，进行教育教学研究，探索新的教学理念，掌握研究方法，为教育教学改革提供帮助。

2. 专家咨询

在开展音乐教研活动时，是否能邀请相关领域的专家进行咨询，了解前沿教育教学理论和实践经验，从而更好地指导自己的教育教学研究和教学实践。

3. 信息分析

教师是否能利用教育教学数据进行分析和研究，探索教育教学问题的本质和规律，提出切实可行的解决方案。

4. 教学改进

教师是否能根据教育教学研究的成果，对自己的教学方法和策略进行改进和完善，提高教学质量和效果。

总而言之，教研资源的利用需要教师在教育教学研究过程中进行灵活运用，以适应不同的教研需求和研究内容。同时，还需要注重教研资源的更新和维护，保证教研资源的质量和完善性。

（五）教研反思和改进

教研反思和改进是教师在进行教育教学研究和教学实践过程中，对自己的教学方法和策略进行反思和总结，从而不断完善自己的教学方法和教学效果。是教师不断提高自己的教学水平和教学效果的重要手段之一，它能够促进教学质量和效果的提高。在音乐教研内容的评价上，就可以涵盖教研反思和改进（表3–1）。

1. 教研反思

通过教研反思，教师可以在教学实践中，对自己的教学方法、教学内容和教学效果等方面进行反思。通过分析自己的教学行为和学生的学习情况，找出问题所在，了解自己的不足之处。

2. 教研改进

教师可以根据教研反思的结果，对自己的教学方法和教学策略进行改进和完善。例如，调整教学内容、改变教学方式、注重学生的参与和互动等，以提高教学效果和教学质量。

3. 教育科研

教师可以将教研反思和改进的成果运用到教育科学研究中，探索新的教学理念和方法，为教育教学改革提供有益的思路和方法。

表3–1　中小学音乐教研内容评价量表

评价维度	评价要点	星级等次（1—5☆）
教研目标达成度	1. 提高教师教学能力	
	2. 增强实践能力	
	3. 紧跟教学改革	
	4. 推动教育现代化发展	
教研方式有效性	5. 研究主题与形式的针对性	
	6. 活动过程的可参与性	
	7. 解决实际问题的假设性	
	8. 研究主题的连续性与渐进性	
教研态度和行为	9. 积极	
	10. 好	
	11. 良好	
	12. 一般	
教研资源的利用	13. 灵活应用	
	14. 互动体验	
	15. 整理资源	
	16. 个性化学习	
教研反思和改进	17. 发扬长处，发挥优势	
	18. 扬长避短，精益求精	
	19. 加深研究，解惑释疑	
	20. 突出难点，化难为易	

五、音乐教研评价的方法

评价方法是指在对某个对象进行评价时所采用的具体的评价手段、方式和方法。评价方法可以根据评价的对象、目的、内容、形式等不同方面进行分类和选择。评价方法可以是定量的也可以是定性的，可以是客观的也可以是主观的。常见的评价方法包括问卷调查、实地观察、访谈、测试、考试、实验、案例分析、统计分析等。评价方法的选择应根据评价的目的和需要，综合考虑各种因素，以达到准确、全面、客观、可靠、有效的评价效果。

（一）评价作用

评价音乐教研活动的目的在于对音乐教研活动进行全面、客观、准确、可靠的分析和评估，以便发现音乐教研活动中存在的问题和不足，提高音乐教研活动的质量和效果，进一步推动教育教学改革和发展。

1. 发现教研活动中存在的问题和不足

通过评价音乐教研活动，可以帮助我们发现教研活动中存在的问题和不足，包括音乐教研目标设定不清晰、教研内容过于单一、教研方法不合理、教研成果应用效果不好等方面，为后续教研活动改进提供参考。

2. 提高教研活动的质量和效果

通过评价音乐教研活动，可以发现教研活动的优点和亮点，总结经验和教训，提出改进方案，从而进一步提高教研活动的质量和效果。

3. 促进教育教学改革和发展

教研活动是教育教学改革和发展的重要途径，评价音乐教研活动可以发现教育教学改革和发展中存在的问题和不足，提出创新性的解决方案，改进教育教学。

4. 提高参与者的教育教学素养

通过参与音乐教研活动，并对音乐教研活动进行评价，可以提高参与者的教育教学素养，增强教师们的教育教学能力和创新意识。因此，评价音乐教研活动是重要的工作，可以提高教研活动的质量和效果，促进教育教学改革和发展，教育管理者、音乐教研员都需要重视。

（二）评价方法

1. 反思评价法

教研活动的反思评价是指通过回顾和总结活动的过程和结果，对教研活动进行评价。反思评价是一种通用的评价方法，它可以让参与者更好地理解活动的目标、意义和效果，发现活动中存在的问题和不足，并提出改进方案，音乐教研的评价也应如此。

2. 观察评价法

音乐教研活动的观察评价是指通过观察音乐教研活动的场景和参与者的表现，来评价教研活动的质量和效果。观察评价可以评估教研活动的实际效果，发现活动中存在的问题和不足，并提出改进方案。

3. 问卷调查评价法

教研活动的问卷调查评价是指通过向参与音乐教研的对象发放调查问卷，收集他们对教研活动的评价和建议，以及对活动后续改进的意见和建议。问卷调查评价可以评估音乐教研活动的实际效果，收集参与者的反馈和意见，为后续教研活动的改进提供参考。

4. 实践评价法

音乐教研要重视教研实践，在实践中才能加强对音乐的理解。教研活动的实践评价是通过实际应用教研成果，观察和评估其实际效果和影响，从而评价教研活动的成功与否。实践评价可以评估教研活动的实际效果。

5. 经验总结评价法

教研活动的经验总结评价并不是我们通常理解的文字总结，对教研过程进行简单梳理，特别是对音乐教研而言，文字性的总结根本没有任何的评价意义。音乐教研经验总结性评价更侧重于通过总结前期教研活动的经验和教训，制订改进计划，并在后续的教研活动中加以实施和评价，突出的是在经验的基础上进行改进。经验总结评价可以帮助评估教研活动的实际效果，同时，也可以为后续教研活动的改进提供参考和借鉴。

（三）评价注意

在评价音乐教研活动时应该注重科学性、客观性、实用性和可操作性，以达到评价的准确性和有效性。

1. 确定评价目的和内容

在音乐教研评价前，需要明确评价的目的和内容，明确评价的重点和方向，而目的与内容的选择不能太大，否则评价的面就泛泛，不够聚焦。这样有助于评价者更加精准地选择评价方法和确定评价指标和标准，确保评价的准确性和有效性。

2. 选择合适的评价方法

在进行音乐教研评价时要根据评价目的、对象、内容和形式等因素，选择最合适的评价方法。选择合适的评价方法可以提高评价的可靠性和有效性。

3. 确定评价指标和标准

音乐教研评价的指标和标准应该不断改进，且具有科学性、客观性和可操作性。评价指标和标准的设定应根据评价目的和内容进行确定，同时要考虑到评价对象的特点和具体情况，以保证评价的准确性和有效性。

4. 收集评价数据

音乐教研评价数据的收集应该严格按照评价方法和评价指标进行，以保证数据的准确性和可靠性。可以通过问卷调查、实地观察、访谈、测试等方式进行数据收集。

5. 分析评价数据

音乐教研评价数据的分析应该充分考虑各种因素的影响，采用科学的方法进行数据分析和处理。评价数据的分析可以帮助发现教研活动中存在的问题和不足。

6. 提出评价结论和建议

音乐教研的评价结论和建议应该基于评价数据和分析结果，具有科学性、实用性和可操作性。评价结论和建议应该具体明确，针对性强，有助于后续教研活动的改进和提高。

7. 及时反馈评价结果

评价结果应该及时反馈给音乐教研员和教研组，以便及时调整和改进教研活动。同时，也可以为后续的教研活动提供参考和借鉴。及时反馈评价结果可以提高参与者的积极性和主动性，促进教研活动的改进和提高。

第六节　如何撰写音乐教研总结

音乐教研总结是对音乐教研活动的一个全面回顾和总结，可以帮助我们发现教研活动中存在的问题和不足，进而提出改进和完善的建议。通过教研总结，我们可以更好地了解教研活动的实际效果和存在的问题，为今后的音乐教研活动提供参考和借鉴。同时，也可以不断总结经验和教训，提高音乐教研活动的实际效果和参与者的满意度。

一、音乐教研总结的目的

有目的性的总结是要求教师在教研过程中，针对特定的音乐教研任务、活动或教研目标，对自己的教研情况进行反思和总结，以便更好地实现学科教研目标和提高教学效果的活动。这种总结具有明确的目的和导向，可以帮助教师更加有效地完成教研任务和提高教学质量。

（一）提高教学质量

教研总结是教师不断提高教学质量和水平的有效途径之一。在教研过程中，教师可以通过反思和总结自己的教学方法、教学内容和教学效果，发现自己存在的问题和不足，及时进行改进和调整。例如，教师可以针对课例研讨教研情况，调整教学内容和教学方式，更好地满足学生的需求和提高学生的学习兴趣和效果。

（二）促进教师专业成长

教研总结是教师专业成长的重要环节。通过教研总结，教师可以不断提升自己的教学技能和知识水平，增强自信心和职业发展的动力。例如，教师可以通过教研总结，了解最新的教育教学理念和方法，并将其应用到教学实践中，不断提高自己的教学水平和专业能力。

（三）推动教育教学改革

教研总结可以促进教育教学改革的深入发展。通过教研总结，教师可以探究教育教学改革的方向和路径，积极参与教学改革实践。例如，教师可以通过教研总结，了解并尝试新的教育教学方法，推广教育教学改革的成果，促进教育教学的创新和发展。

（四）促进教学研究和交流

教研总结是教学研究和交流的重要手段，可以促进教师之间的交流和合作，共同探讨教学问题，分享教学经验，提高教学效果和成果。例如，教师可以通过教研总结，了解其他教师的教学方法和经验，并与他们交流和分享，从而不断完善自己的教学方法和教学效果。同时，教师也可以将自己的教学经验和成果分享给其他教师，促进教学研究和交流的发展。

二、撰写音乐教研总结的意义

（一）提高教研效果

通过音乐教研总结，可以对教研活动进行全面回顾和总结，了解教研活动的实际效果和存在的问题，进而提出改进和完善的建议。这些建议可以帮助今后的教研活动更加顺利和有效，从而提高教研的实效性和参与者的满意度。

（二）积累经验和教训

通过音乐教研总结，可以积累经验和教训，为今后的教研活动提供参考和借鉴，避免重复犯错。这些经验和教训可以帮助教师更好地组织和管理教研活动，提高教学水平和教育教学质量。

（三）提升教学水平

通过音乐教研总结，可以了解教学设计、教学资源、教学视频等教研成果，从而提升教师的教学水平和教育教学质量。这些成果可以为教师提供优秀的教学案例和教学资源，帮助教师更好地开展教学工作。

（四）推广教研成果

通过音乐教研总结，可以推广优秀的教研成果，如教学设计、教学资源、教学视频等，让更多的人受益。这些成果可以为其他教师提供参考和借鉴，同时也可以为学生提供更好的教育教学资源和服务。

（五）增强教研意识

通过音乐教研总结，可以增强教师的教研意识，让教师更加重视教研活动，提高教育教学质量和教学水平。这种意识可以促进教师不断更新和完善自己的教学理念和教学方法，从而更好地满足学生的需求和社会的发展要求。

综上所述，音乐教研总结的目的和意义非常重要，可以帮助我们不断提高教研效果和教学水平，推动音乐教育教学事业不断发展。

三、由谁来撰写音乐教研总结

首先，音乐教研总结一般由主持或组织教研活动的教师或教研小组来撰写。这些教师或教研小组对教研活动有较为深入的了解和认识，可以对教研活动进行全面回顾和总结，并提出改进和完善的建议。

其次，教研总结也可以由教育部门或专业机构的专家来撰写，他们具有更为全面和客观的视角，能够更好地评估教研活动的实际效果和存在的问题，并提出更科学和有效的改进建议。

最后，教研总结还可以由参与教研活动的教师来写，他们全程参与教研活动，对教研活动有发言权，能够给予音乐教研小组更好的意见。同时，撰写教研总结也是一种对自己参与教研活动的反思和提升教研反思性意识的方式。

无论是由教师、教研小组还是由专家撰写，音乐教研总结都应该基于教研实践的经验和教训，以及参与者的反馈和评价，力求客观、真实、全面和可操作性强。

四、如何撰写音乐教研总结

（一）确定总结的内容和范围

在撰写音乐教研总结之前，需要明确总结报告的内容和范围。这包括教研目标、教研内容、教研方法、教研成果、存在的问题和改进建议等。明确总结报告的内容和范围可以使撰写者更好地把握主要内容，避免在撰写报告过程中偏离主题。

（二）收集相关资料和信息

在撰写音乐教研总结之前，需要收集相关资料和信息。这些资料和信息包括教研报告、教学设计、教学资源、教学视频等。通过收集这些资料和信息，可以更好地了解教研活动的实际情况和存在的问题，为撰写总结报告提供依据。

（三）分析和评估教研效果

在收集了足够的资料和信息后，需要对教研效果进行分析和评估。这包括评估教研活动是否达到了预期的效果，发现存在的问题和不足。通过分析和评估，可以找出教研活动的优缺点，并为下一步的改进提供参考。

（四）提出改进和完善建议

根据分析和评估的结果，需要提出改进和完善的建议。这包括教研目标、教研内容、教研方法、教研管理等方面的建议。通过提出改进和完善建议，可以为今后的教研活动提供参考，不断提高教学水平和教育教学质量。

（五）撰写总结报告

在确定了内容和范围、收集了资料和信息、分析评估了效果并提出了改进建议之后，需要开始撰写音乐教研总结报告。总结报告应包括教研活动的目的、内容、方法、成果、存在的问题和改进建议等内容，并尽可能做到客观、真实、全面和可操作性强。

（六）审核和修改总结报告

撰写完毕后，需要对总结报告进行审核和修改。这包括对报告内容进行审核，确保报告内容准确无误、表述清晰、逻辑严密。同时，也需要对报告进行修改，使其更符合实际情况和存在的问题。

（七）发布总结报告

在审核和修改完毕后，需要将总结报告发布出去。这可以让更多的人了解教研活动的实际情况和存在的问题，并参考改进建议，不断提高教学水平和教育教学质量。同时，也可以为今后的教研活动提供参考和借鉴。

五、音乐教研总结的书写格式

（一）总体介绍

总体介绍是音乐教研总结的开篇，主要介绍教研的背景、对象、目的和内容等。例如，可以介绍本次教研的主题、教研的目标和内容，以及采用的教研方法和手段等。

（二）教研过程

教研过程是音乐教研总结的重点部分，需要详细描述教研活动的具体过程，包括教研方法、教研手段、教研内容、教师表现等。也可以就课例研讨的教研活动，逐步介绍课上教师是如何引导学生理解音乐知识，如何指导学生进行音乐实践操作，如何帮助学生加深对音乐的理解和感受等。

（三）教研效果

教研效果是音乐教研总结的评价和总结部分，需要客观地对教研效果进行评价，包括教师的教研情况、教研成果、教研过程中存在的问题和不足等。例如，可以评价教师的参与度、学习兴趣、学习成效等，同时也可以总结教学过程中存在的问题和不足。

（四）反思和建议

反思和建议是音乐教研总结的重要部分，需要对教研过程和效果进行反思和总结，提出自己的教研体会和建议，以便更好地改进和提高教研质量和水平。例如，可以反思自己在教研过程中存在的问题和不足，并提出具体的改进措施和建议。

（五）改进措施

改进措施是针对反思和建议提出的具体行动方案，需要根据教研反思和总结，提出具体的改进措施和计划，以便更好地实现教研目标和提高教研效果。例如，可以提出更加精准的教研目标，采用更加有效的教研方法和手段，加强教师的互动和参与等。

（六）结语

结语是音乐教研总结的结束部分，主要是总结全文，强调教研的重要性和意义，并展望未来的教研发展方向。例如，可以强调教师在音乐教研中的重要作用，鼓励教师在教研过程中不断探索和创新，促进音乐教育的健康发展。

六、音乐教研总结的策略

为了能在教研总结中起到真正的作用和取得一定的成效，针对以上六点，给出以下策略参考，以便更好地提高教研水平。

（一）书面总结

在书面总结中，应该注重客观性和科学性，避免受到主观情绪的干扰。同时，还应该注意总结报告的格式和内容，突出重点，明确目标，提出具体的改进措施和建议。

（二）集体研讨

在集体研讨中，应该注重互动和交流，尊重他人意见，听取不同声音，形成共识和行动方案。同时，也应该注意会议的组织和安排，确保会议的效率和成果。

（三）视频记录

在视频记录中，应该注重过程的真实性和完整性，避免夸大或缩小教学效果。同时，还应该注意视频的保存和使用，保护学生隐私和知识产权。

（四）考察调研

在考察调研中，应该注重实地调研和深入交流，了解当地的文化、历史、社会和教育背景，理解不同地区、不同学校、不同教师的教学特点和需求。

（五）网络交流

在网络交流中，应该注重信息的准确性和可靠性，避免散布虚假信息和误导他人。同时，也应该注意网络安全和隐私保护，避免泄露个人信息和敏感信息。

七、音乐教研总结的方式创新

传统教研总结方式以集体会议最为常见，这种方式可以面对面就问题进行有效解决和商议。但除开这个方式，其实教研总结也可以打破空间和地域的局限，采用其他总结方式。

（一）书面总结

通过撰写总结报告、教研日志、教研反思等书面形式，记录教研过程和效果，总结经验和教训，提出改进措施和建议。

（二）集体研讨

通过召开集体研讨会、教学交流会、教研组会议等形式，让教师们共同探讨音乐教学的难点和热点问题，分享教研经验和成果，互相借鉴和学习，推动音乐教育的发展。

（三）视频记录

通过录制教研活动的视频，记录教研过程和效果，方便教师进行反思和总结，同时也可以作为教学资源和素材，供其他教师和学生使用和参考。

（四）考察调研

通过考察调研，了解不同地区、不同学校、不同教师的音乐教育现状和特点，总结成功经验和教训，为自己的教学实践提供借鉴和启示。

（五）网络交流

通过互联网平台，如微信群、QQ群、在线论坛、抖音直播等，进行教研交流和互动，分享音乐教学经验和资源，提出问题和解决方案，促进教师之间的交流和合作。

（六）音乐会

对音乐教师而言，音乐会是很好的一种总结方式，音乐会是一种实践总结方式，不仅可以展示教研的成果，还能给教师一个展示的机会，在舞台上锻炼和成长。

对音乐教研活动进行总结，不是为了做材料，更多的是为了通过多种方式去记录教研过程和成果，以便更好地提升音乐教师教研能力和教学水平。

第四章——音乐教研的案例

案例是对实际发生过的事件或情景，通常包括事实、情节、问题、决策和结果等要素进行分析的文本。在教育、管理、社会科学等领域中，案例被广泛运用于教学、教研和实践活动中，以便更好地理解和应用相关理论和知识。案例可以是真实的历史事件、人物经历、组织管理实践等，也可以是虚构的情景、模拟的决策等，其目的是帮助人们更好地了解和解决复杂的问题和挑战。

教研案例是指教师在进行教育教学研究过程中，选取一定的教学场景和实践经验，对该场景和经验进行分析、总结和评价的过程。教研案例通常包括教研目标、教研内容、教研方法、教研反思等要素，旨在帮助教师更好地了解和掌握教研实践中的关键问题和难点，提高教学质量和水平。教研案例可以是一个具体的课堂教学案例，也可以是一个教研项目或教学方案的案例，通过对这些案例的研究和分析，教师们可以更好地理解和应用相关教学理论和知识，提高自己的教学水平和质量。

写音乐教研案例主要有以下几个重要的原因。一是为了提高音乐教学质量，音乐教研案例是一种有效的教育教学研究方法，可以帮助教师们深入思考和分析教学实践中的问题和难点，从而提高教学质量和水平。二是为了促进教学改革，通过编写音乐教研案例，教师们可以更好地了解和应用新的教学理念、方法和技术，促进教学改革和创新。三是为了丰富音乐教学内容：音乐教研案例可以涉及不同类型和风格的音乐，丰富教学内容和形式，满足学生的不同需求和兴趣。四是为了促进教师专业发展，编写音乐教研案例需要教师们进行深入的研究和分析，从而提高自己的教学能力和专业素养，促进个人专业发展。五是为了与同行交流分享，编写音乐教研案例可以促进教师之间的交流和分享，促进教师之间的互相学习和借鉴，提高整个教学团队的教学质量和水平。

案例一：共学共研——《义务教育艺术课程标准（2022年版）》

深入学习《义务教育艺术课程标准（2022年版）》（以下简称“新课标”）的理念和精神，帮助教师更好地理解和使用新课标，进一步深化基础教育艺术课程改革，寻找解决问题的方法和策略。以提高中小学音乐课堂教学质量为核心，以课题研究和教研组建设为突破口，加强薄弱学校的指导，充分发挥学科中心教研组的功能，加强师资队伍建设，搞好镇域艺术特色活动，努力促进龙江镇音乐教育教学质量的稳步提高。

一、教研目标

（1）以自主学习与研讨学习相结合的方式，不断学习新课标，提高个人专业素养，转变教学观念。通过教师结对互助的方式，以镇内教研为载体，提高教学能力。

（2）坚持以促进学生全员美育为原则，把新课标的精神落实在日常的美育课堂教学工作中。建立扎实、有效的课堂教学模式，积极探索适合学生发展、深受学生欢迎的教学方法和手段。

二、教研重点

（1）《义务教育艺术课程标准（2022年版）》内涵解读与实践。

（2）《义务教育艺术课程标准（2022年版）》指导下音乐学科课堂教学实践。

（3）继续做好为教师快速成长服务。

（4）参加创意舞台活动及继续做好镇域特色班级合唱活动，推动音乐学科全员美育。

三、教研内容

（一）专家引领，深度解读新课标

拟邀请专家开展《义务教育艺术课程标准（2022年版）》文本解析专题学习，带领龙江镇艺术教师深度解读课标内涵。针对新课标的“变化”解读《义务教育课程方案和课程标准（2022年版）》的修订背景和主要特点，对《义务教育艺术新课程标准（2022年版）》和《义务教育音乐课程标准（2011年版）》的课程性质、课程理念、课程目标、课程内容、学业质量、课程实施等内容进行对比分析与学习，就新课标的教育理念和基本要求如何落实到音乐课堂教学中提出了意见和建议。

（二）实践辩证，卷入式研讨新课标

1. 课标内容问答赛

举行一次《义务教育艺术课程标准（2022年版）》的问答比赛。龙江镇教师全员参与。将龙江镇音乐老师随机安排序号。抽到相应号码的老师则需要马上答题，以检验课标常识性知识的掌握程度。

2.“卷入式”教研活动

音乐学科以“大单元作业设计”为研究点分小组进行讨论学习，按照教师的教龄划分小组进行无领导小组情景讨论。卷入式研讨的关键点是《义务教育艺术课程标准（2022年版）》的作业设计。整个讨论过程，需要老师们全身心地参与其中，细读课标，深度思考，相互交流，思维在碰撞。老师们结合自身对新课标的理解发表自己的看法，向大家介绍，并解答其他人的疑惑。与会老师们认真倾听思考，在疑惑处提问，在情境中追问，在追问中共鸣，在共鸣中跃升，对新课标有了更加明确和清晰的认识。

（三）理论指引，新课标赋能新课堂

1. 情境课堂教学展示

落实立德树人根本任务，坚持以美育人，重视艺术体验，强调实践导向，突出课程综合，注重艺术与自然、生活、社会、科技的关联，传递人与自然和

谐共生理念，转化教师教材歌曲情景表演唱展演活动成果，创新中小学音乐课堂教学生态，构建创意实践的音乐趣味课堂。

2. 大单元作业设计评选

通过主题教研活动提升教师的作业设计能力，有效减轻学生过重的学业负担，着力培养学生的核心素养，实现优质作业资源共建共享。教师以个人或团体方式参赛，根据各学科新课程标准的要求，以各学科相应版本的教材或校本课程为依据，设计一份基于大单元教学的作业。

（四）学科融合，新课标延伸新观念

1. 音乐可视化图谱制作专题培训

融合信息技术，助力教师不断更新理念，创新教学方法，努力提高学生的音乐欣赏能力。图形谱是结合小学生认知能力设计的一种新型音乐教学辅助手段，通过它将抽象的音乐以符号、线条与图画等形式呈现，可助学生加强知识掌握效果，优化学生音乐审美能力。结合新课标与可视化教学有机融合，开展音乐可视化图谱制作专题培训。

2. 薄弱学校音乐教师推门听课

由龙江镇音乐教研组成员牵头，对旺岗、东海、官田等学校教学能力相对薄弱的音乐教师实行结对帮扶。充分利用和发挥优秀学校的人才优势、管理优势、资源优势、信息优势，逐步缩小学校间音乐教学的差距，促进音乐学科教学均衡发展。

（五）全员美育，新课标立新理念

1. 参加佛山市组织的中小学校园创意舞台展演

积极响应构建佛山“五好”教育形态，坚持面向人人，建立常态化学生全员艺术展演机制，以美育人、以美化人、以美培元。立足美育课堂，打通舞台讲台，鼓励全体学生参与校园情景创意舞台共建，享受“我的舞台”，实现“我的舞台我做主”，培养学生良好创意能力、组织能力和艺术品位，创建健康、创意的校园舞台生态，积极组织龙江镇教师、学生参加“我的舞台我做主”2023年佛山市中小学校园情景创意舞台展演活动。

2. 推进镇域艺术特色项目班级合唱（器乐）

展示各校艺术教育的优秀成果，为学生创建艺术实践舞台，提高师生的艺术表现力、创造力、鉴赏力和审美能力，促进学校班级合唱（器乐）整体水平的提高，继续做好举办龙江镇班级合唱（器乐）镇级展示活动。

四、教研评价

（一）教研记录

每一期的教研有相应的教研记录本，记录教研主讲的内容，其中一栏有对主讲教师的评价，用于监督主讲教师讲学质量，统计教研内容是否贴合老师的需求（表4–1）。

表4–1　音乐教研活动记录表

（　　）年度第（　）学期龙江镇音乐教研活动记录			
活动时间	（　　）第（　　）周，星期（　　）		
活动地点			
活动主持		记录人	
活动主题			
参加人员			
活动过程			
效果评价			

（二）问卷调查

根据问卷，调查老师对教研情况的满意度、教研内容的需求（图4–1、图4–2）。做到每一次教研都切实解决老师们的教学需要。

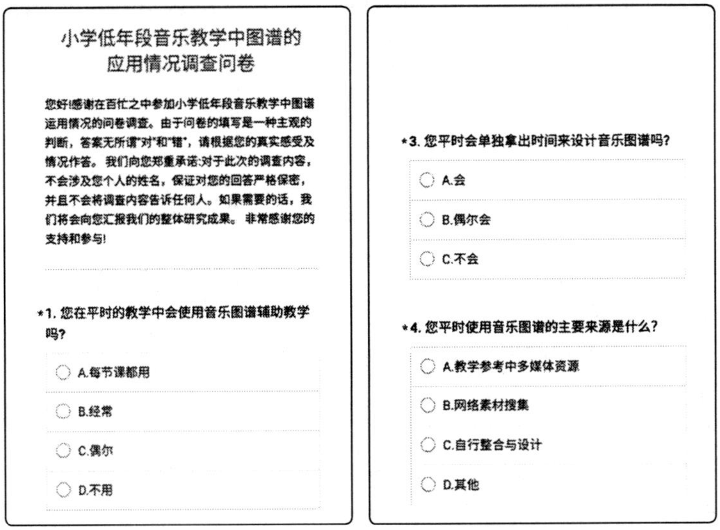

小学低年段音乐教学中图谱的应用情况调查问卷

您好!感谢在百忙之中参加小学低年段音乐教学中图谱运用情况的问卷调查。由于问卷的填写是一种主观的判断，答案无所谓"对"和"错"，请根据您的真实感受及情况作答。我们向您郑重承诺:对于此次的调查内容，不会涉及您个人的姓名，保证对您的回答严格保密，并且不会将调查内容告诉任何人。如果需要的话，我们将会向您汇报我们的整体研究成果。非常感谢您的支持和参与!

*1. 您在平时的教学中会使用音乐图谱辅助教学吗?

A.每节课都用

B.经常

C.偶尔

D.不用

*3. 您平时会单独拿出时间来设计音乐图谱吗?

A.会

B.偶尔会

C.不会

*4. 您平时使用音乐图谱的主要来源是什么?

A.教学参考中多媒体资源

B.网络素材搜集

C.自行整合与设计

D.其他

图4–1　音乐图谱制作教研活动问卷样本

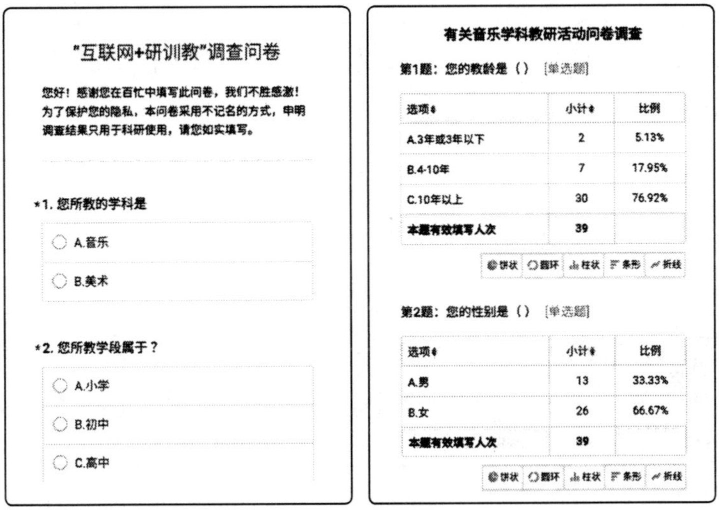

"互联网+研训教"调查问卷

您好！感谢您在百忙中填写此问卷，我们不胜感激！为了保护您的隐私，本问卷采用不记名的方式，申明调查结果只用于科研使用，请您如实填写。

*1. 您所教的学科是

A.音乐

B.美术

*2. 您所教学段属于？

A.小学

B.初中

C.高中

有关音乐学科教研活动问卷调查

第1题：您的教龄是（）[单选题]

选项	小计	比例
A.3年或3年以下	2	5.13%
B.4-10年	7	17.95%
C.10年以上	30	76.92%
本题有效填写人次	39	

饼状　圆环　柱状　条形　折线

第2题：您的性别是（）[单选题]

选项	小计	比例
A.男	13	33.33%
B.女	26	66.67%
本题有效填写人次	39	

饼状　圆环　柱状　条形　折线

图4–2　“互联网+研训教”教研活动问卷样本

五、成效检测

（一）教师

音乐教师积极参与镇、校级的教研活动，针对自己教学实践中的问题展开专题研究，经常开展教学反思，不断积累和总结教学经验，积极参与课题研究，撰写科研论文，不断改善自己的教学实践，提高教育教学水平。学期末会根据音乐教师参加教研的出勤情况、辅导学生获奖、个人竞赛获奖、教科研情况等对教师教研成效进行考察。

（二）学生

音乐学科学业质量检测是对教育部、广东省教育厅有关美育工作指导意见的积极回应。2022年版新课标对音乐学科的教学有了更高的要求（表4–2）。新的课标要求将学生的课程学习与实践活动情况纳入学业评价。要求重视艺术课学习的过程性、基础性考核与评价；尊重学生艺术学习的选择性，以学定考，根据学生的选择进行专项考核。

表4–2　龙江镇围绕义务教育艺术课程标准开展的教研活动计划表

日期	周次	内容
2月12—18日	2	镇中小学音乐、美术学科中心教研组工作会议
2月19—25日	3	顺德区中小学音乐情境创意课堂展示交流活动镇级推选
		镇艺术特色项目班级合唱（器乐）校本展示（3—6周）
3月5—11日	5	启动新教师见面课
		镇义务教育艺术课程标准培训
3月12—18日	6	组织镇艺术教师进行义务教育课程标准学习考核
3月26日—4月1日	8	镇艺术特色项目班级合唱（器乐）镇级展演
4月2—8日	9	校园情景创意舞台展演活动
		镇中小学音乐可视化优秀教学课例研讨活动（一）
4月9—15日	10	镇义务教育艺术课程标准答辩赛
4月16—22日	11	组织“我的舞台我做主”中小学校园情景创意舞台展演活动材料镇级遴选
		镇中小学音乐可视化优秀教学课例研讨活动（二）
4月23—29日	12	镇中小学音乐可视化优秀教学课例研讨活动（三）
5月7—13日	14	5月进行实操性抽测，四、五年级各抽一个学科
		第二届佛山市中小学音乐教师教材歌曲情境表演唱展演镇级遴选
		镇中小学音乐可视化优秀教学课例现场展示活动
5月14—20日	15	综合学科学生素养展示
		镇中小学校艺术校本课程开发与应用情况调研工作
5月21—27日	16	期末素养展示

案例二：走进教材——中小学音乐教材研读

一、教研背景

《义务教育艺术课程标准（2022年版）》课程理念是坚持以美育人，重视艺术体验，突出课程综合，强调学生艺术学习的实践性、体验性和创造性。音乐学科课程内容包括“欣赏”“表现”“创造”和“联系”。同时，根据学生的不同年龄段的特点，新课标在音乐学科课程中设置不同的学习任务，如在一、二年级设置“趣味唱游”“聆听音乐”“情景表演”“发现身边的音乐”的学习任务，在三年级到九年级设置“听赏与评述”“独唱与合作演唱”“独奏与合作演奏”“编创与展示”“小型歌舞剧表演”“探索生活中的音乐”的学习任务。

逐渐发展完善音乐学科教育，教材歌曲作为一个课堂教学的重要载体，应该作为教师教研重点内容。通过对教材歌曲的研读和学习再进行教学，老师们先熟悉教材里的知识，研讨呈现知识的教学手段，挖掘教材歌曲背后的文化内涵，学生才能更深刻地认识和理解音乐，感受音乐的魅力，提高音乐的审美能力。所以，教材歌曲是具有一定的科学性和实用性的。

2022年6月，佛山市教育局教学研究室举办了“首届佛山市中小学音乐教师教材歌曲情景表演唱展演活动”，本次活动贯彻落实国家美育政策精神，落实新课标要求。佛山市教育局这次活动切合课程标准的学习任务，最终使广大教师将教材歌曲搬上舞台，让教材歌曲“活”起来了。基于此，龙江镇开展了一系列教材歌曲的教研活动，有效落实音乐核心素养的培养，创新了音乐学习任务。每首教材歌曲都有其独特性和代表性，希望通过教研活动能强化教师深入研究和了解教材歌曲，改变教师传统对教材歌曲的刻板印象，引导教师对教材歌曲表现的不同视角，进行“挖呀挖——中小学音乐教材研读”的教研活动，以下为教研活动的活动计划。

二、教研目标

音乐学科的特性是丰富的，音乐教师的专业也各有所长，研究的方向也会有所不同，与同事之间缺少自己专业领域的互相学习、互相交流的机会，这不利于整个教研团体的成长。因常规的教研活动不能偏向其中一个方向，需普及适合现阶段中小学教师的交流活动，教研歌曲的研读无疑是促进音乐教师之间交流和互动的平台，为了使其共同成长、共同有效教研，制定以下教研目标。

（1）组织全体音乐教师开展学习活动，共同学习和探讨新课标。

（2）通过教材歌曲的研读，使教材歌曲范唱、教学等环节具有明确的规范性和示范性，提高学生艺术表现能力。

（3）通过本学期的教研活动，形成龙江镇音乐歌唱教学资源库。

三、教研重点

（一）重新打造音乐教研新生态

日常的教学工作使教师之间缺乏相互学习、相互交流的机会，缺乏与同伴间的合作学习和教学，影响了教师队伍专业能力的发展。以镇的层面作为出发点的教学研究，重视教师的个人学习和反思，也要突出教师之间的专业切磋、分享交流经验、互相学习、互相交流、合作共赢、一起成长的有效交流。有效的教研活动使教师在日复一日的工作中找到自己的目标和定位，所以借此机会希望重新塑造龙江镇教研团体的教研生态。

（二）探索音乐教材歌曲的教学方法

探索在教学过程中音乐教材歌曲的教学方法，使学生能更快地融入教学过程。可选择情景创设、歌唱、表演、语言、角色扮演、游戏、演奏等多种方法进行教学，使音乐课堂教学富有创造力和生命力，在激发学生学习兴趣的同时，提高整体音乐教学效率。

四、教研内容

作为一名音乐教师，每天与其相伴的就是教材歌曲，可以说教材歌曲是他们最熟悉的朋友，也是最了解的朋友。不仅是朋友，还是一起并肩作战的盟友，往往对其产生一种熟悉的感觉，从而会产生轻视的感觉，就会掉以轻心。虽然每天都与教材歌曲打交道，但是对于演唱+教学，还需要我们深入研读和了解，才能在课堂教学中生动地展示出来。

教研组在学期初制定教研活动研读的教材歌曲计划表（一年级到九年级教材歌曲），让教师自主选择喜欢的歌曲进行研读，每周进行研读歌曲汇报（PPT+说课+无生试讲）。第一阶段：各位教师按序号进行教材歌曲研读汇报；第二阶段：教材歌曲课堂展示。

教材歌曲研读内容主要有以下几个方面（图4–3）。

（一）课前教学歌曲构架梳理

（1）理论研读。

（2）教材研读。

（3）课程目标。

（4）课前学习任务单。

（二）课中教学设计与实施

（1）教学目标。

（2）教学重、难点。

（3）教学内容。

（4）学情研判。

（5）学习进阶。

（6）教学环节。

（7）检测评价。

（8）板书设计。

（三）课后总结反思与改进

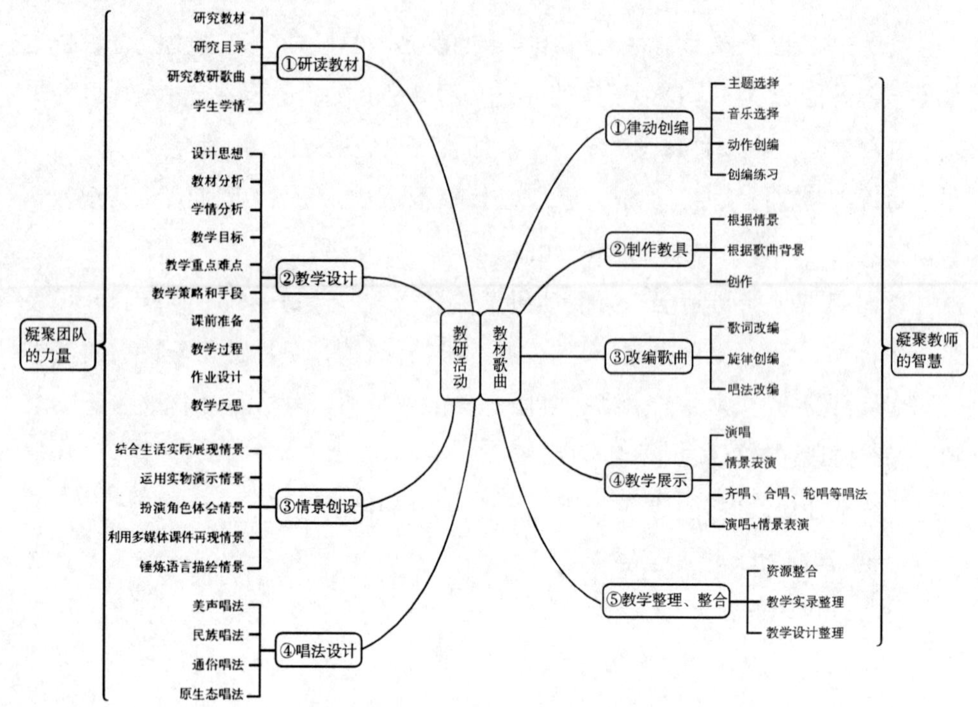

图4–3　教研活动、教材歌曲架构图

五、教研评价

通过第一阶段进行教材歌曲研读汇报后，进入第二阶段课堂展示。教材歌曲的研读主要体现了音乐教师的创意与实践，把教材歌曲搬上真正的课堂教学中，使教材歌曲真正应用在课堂。教师不仅以生动的表演演绎歌曲、以不同的情景创设诠释教材歌曲，更是可以以不同的唱法、教法表现和塑造歌曲，还能形成教学资源，在教研团体中进行分享展示，重新塑造一种新的教研团体的教研生态。

作为一名音乐教师，深知音乐教学课堂环节的重要性，尤其是在新课标执行后，更应该体现学生的主体作用。通过第二阶段的教材歌曲课堂展示，从侧面可以看出教师在研读教材歌曲的深入程度，从正面看出应用在课堂教学中是否有较好的成效。

表4–3 龙江镇音乐教材歌曲研读过程评分表

教材歌曲			
评价项目	评价要点	分值	得分
研读教材（35分）	1.对教材的研究	10分	
	2.对教研目录的研究	10分	
	3.对教材歌曲的研究	10分	
	4.对学生学情的研究	5分	
教学设计（35分）	1.设计思想、教材分析、学情分析	10分	
	2.教学目标、教学重点难点、教学策略和手段、课前准备	10分	
	3.教学过程、作业设计、教学反思	15分	
情景创设（15分）	结合生活实际展现情景、运用实物演示情景、扮演角色体会情景、利用多媒体课件再现情景、锤炼语言描绘情景	15分	
唱法设计（5分）	美声唱法、民族唱法、通俗唱法、原生态唱法等设计	5分	
现场效果（10分）	教师语言规范，简洁生动，富有情感。举止自然，教态亲切，板书工整，字迹美观	5分	
	有较强的教学组织能力和教学机制，熟练运用现代教学技术，应变能力强	5分	
总分			

六、成效检测

通过两个阶段的教材歌曲研读不仅能重新塑造一种新的教研团体的教研生态，更能使音乐教师从研读教材、教学设计、情景创设、唱法设计等多个环节进行思考，教师之间进行思想碰撞（表4–3）。

教研组通过汇报和课堂展示两个阶段进行评价，从研读教材、教学设计、情景创设、唱法设计等作为第一阶段的评分标准，从律动创编、制作教具、改编歌曲、教学展示等作为第二阶段的评分标准，最后整合优秀的资源、教学实录和教学设计作为镇的音乐教研资源库，互相共享互相交流和学习。

我们常说“最近发展区”，学生有，老师也有，不能脱离了老师的最近发展区做教研活动，不能把教研的难度提到老师们够不到的地方，或者做和老师们无关的教研，这些对老师们而言都是无效教研。所以，我们选择音乐教师的“战友”教材歌曲作为教研的立足点展开教研活动。从需要出发，做实际而有意义的教研，使老师们乐意在教研活动中深挖教材内涵（表4-4）。

在音乐课堂里面挖呀挖呀挖，
种小小的种子开智慧的花，
在教材歌曲里面挖呀挖呀挖，
种大大的种子开音乐的花，
在音乐教研团队里面挖呀挖呀挖，
种音乐的种子开教研的花。

表4-4　龙江镇音乐教材研读成果展示课评分表

授课教师：　　　　课题：　　　　时间：　　　　得分：

项目	要求	基本分	得分
教学目标（10分）	知识、能力、情感目标设计合理，符合学生起点水平，有利于学生素质发展。符合学科课程标准要求，学科教学目标明确、具体	10分	
教学设计（20分）	1. 具有新的教学理念，体现快乐教学理念，情景创设合理具有创新性	10分	
	2. 教学内容设计合理，重点突出，突破难点，在正确理解教材基础上，能够创造性地使用教材，具有唱法设计	5分	
	3. 通过研读教材、研读目标、研读教材歌曲、学生学情进行设计	5分	
教学过程（30分）	1. 教学过程清晰、完整，流畅，层次分明，律动创编展示	5分	
	2. 教学过程面向全体学生，关注个性差异，全员、全方位参与学习活动，积极思考，进行歌曲改编或律动创编	5分	
	3. 注重情景创设，富有时效性，自然流畅，能恰当激发学生的学习兴趣。结合生活实际、实物扮演角色、多媒体、语言等进行情景创设	10分	
	4. 教学方法科学、灵活，多元化的唱法设计	5分	
	5. 有及时的教学反馈和教学评价，能根据教学内容和教学目标的要求，选择恰当的评价方法，有效评价学生学习	5分	

续 表

项目	要求	基本分	得分
教学效果（20分）	实现学科教学目标，效果好。通过不同的方法进行教学展示，如演唱、情景表演、演唱+情景表演、齐唱、合唱、独唱等	20分	
教师素质（20分）	1. 语言规范，简洁生动，富有情感	5分	
	2. 举止自然，教态亲切，板书工整，声音和谐	5分	
	3. 有较强的教学组织能力，有较强的教学机制	5分	
	4. 熟练运用现代教学技术，应变能力强	5分	

案例三：教育科研我能行
——音乐学科课题申报与研究

要提高中小学音乐教师教育科研能力，需融合教师队伍资源共享，在教研活动中不断提高教师科研能力。音乐教师在具备一定的教育科研意识的基础上，能够更多地接触新的教育教学理念，不断更新教学知识，以多维的方式对教学进行反思与改善，通过科学创新的教学方式，不断探究新的教学规律，并将其以课题的形式展示出来。

一、提高中小学音乐教师教育科研能力的目标

课题的申报与研究是普遍音乐教师的薄弱项目，因此根据明确的教研目标展开教研活动，是促进教师队伍建设的重要前提。提升中小学教师的教研能力，可以从短期、中期、长期目标进行制定。短期通过镇教研活动的论文研读着手，老师们通过优秀论文的研读，分析研讨其优秀借鉴意义，对论文的撰写有一定的了解。中期通过邀请课题专家专项讲座，针对课题的申报与研究进行思路梳理，让教师们有一定的教科研理念。通过前两个阶段的实践与探究，形成长期以来常规的科研常规形式，汇聚多校教师的力量，共同努力提升专业素养进行学术研究，从而实现教科研活动的常规化实施。

二、提高中小学音乐教师教育科研能力的策略

首先，需要改变中小学教师传统的教学观念，应该认识到科研能力与一线教学是同样重要的。教师们要通过不断地提高自身的专业素养，有信心开展教

育科研活动，在日常的教学工作中努力探究，勤思考，在实践中总结教学的普遍规律，将专业技能提升到理论的高度。其次，在进行教研工作时，不仅要注重音乐的专业性及其创新性发展，同时要与其他学科进行融合。尝试打破传统学科课程的界限，克服学科课程的分科过细，勇于尝试将相邻领域的知识结构整合起来构设有创新性、综合性的课题。

教师们也要增强自身的科研意识，积极主动参与各级的课题申报活动，只有不断地充实知识储备，才能为教学工作奠定基础，学会处理好教学工作与科研工作的关系，

三、针对课题申报问题确定具体的教研内容

课题是在课题评审过程中，专家对申报书进行审查，并结合课题研究的内容和价值，以及课题组成员的研究能力和研究基础等进行的一种评审方式。这种评审方式通常是采取初评和终评两个阶段进行。初评是专家对课题申报书进行初步的审查，从中筛选出优秀的课题，并提出修改意见；终评是在初评的基础上，专家们对申报书进行认真审查，并结合课题组成员的研究能力和研究基础等因素对课题进行评审，提出最终意见。课题申报书中所反映出来的是一个课题组对自己的课题有哪些了解、认识和研究，也反映了一个课题组成员对本课题申报书中内容的理解。选题是教师申报课题的首个难关，因此围绕教师们开展课题研究的问题，展开有针对性的教育科研（课题）主题研讨活动。

（一）以旧带新，小组联合

课题的研究内容是指课题研究的具体问题，它是课题研究的起点和归宿。而课题申报书则是课题组对具体问题的认识和把握，它反映了一个课题组对研究内容的理解、认识和理解程度，以及课题组成员对该问题的理解和认识程度。课题组成员可以根据自己所从事的具体课题而对申报书中所描述的问题进行理解和把握。比如，有些课题经验丰富的老师，对于课题的申报、论文的撰写都较为熟悉，则可以选择有经验的教师作为组长，并且展开相关有效的研讨活动，根据具体的文章、案例进行分析，而课题组成员则通过研究发现了案例中的问题及探究其借鉴意义，他们也就可以很明确地找出课题申报的要点，并借此探索各自教学领域中具有可塑性的课题话题。

（二）厘清思路，明确方向

通过有课题经验的老师分享，从如何申报课题、如何拟定题目、规范撰写课题申报书、明确课题中期报告的准备工作、如何准备课题事宜等方向展开，清晰教师们的课题研究意识。

有一句话常说“课题即问题”，一线教师拥有丰富的教学经验，可以针对现实的教学问题、教学现象去寻找课题的方向。然而现实的教育教学工作是一个复杂且多元化的工程，并不是所有的问题都可以作为课题方向。那么，怎样的问题才适合作为课题申报，则是一个值得深究的问题。

1. 要寻找真问题

就是说符合现实与理论逻辑，需要有理论知识作为支撑，既要符合理论逻辑，又要能使实践例证得以验证。

2. 要聚焦有现实意义的问题

在教育教研实践中，既有个性问题，又有共性问题。作为一线教师，其研究方向应基于共性问题，通过课题的研究，使现实的教学问题得以解决，也更具现实的借鉴意义。通过解决具有现实意义的问题，展开符合现实普遍存在的教学工作，也能够使更多师生受益。

3. 研究力所能及的问题

如“中小学音乐教育的现状与发展”和“中小学音乐教育中课程改革的探究”，像这种具有定义性的课题题目，并不是一线教师所能胜任的，因此可以在大的理论基础上将问题进行聚焦化，将课题落实到真正解决教学问题的层面上。

4. 课题体现一定的创新意义

一个课题是要在共性问题上体现个性，而课题的创新点即课题的学术价值体现。可以选取有新意的研究角度，采用新的研究范式，根据具体的教学问题，提出有创新意义的教学方法或教学理念，在课题中体现创新价值。

四、具体分析，检验教研成果

教师们经过一系列的课题申报探究实践，根据自己的教学实践，拟定课题题目，通过研讨的形式，教师们集思广益，落实到每位老师的课题方向思路分享。

音乐教研是提高教学质量的有效手段，是教师自我提高的途径。针对音乐教研活动中存在的问题，提出了科学合理的音乐教研评价体系。本评价体系主要从教学设计、教学实施、教学效果三个方面来进行评价。

（一）课题申报题目拟定

在课题教研活动中，为了确保教研活动能够有效进行，应组织一次课题题目评价。通过本次教研，可以了解音乐教师对课题方向的把握程度，从而能够明确其在下一步工作中应该进行哪些改进和完善，以此促进音乐教师教育教研水平的提高。

（二）课题申报的实施

最终实现课题的实施，是检验教师教研水平是否提高的重要标准。首先，教师要有清晰的研究思路，主要回答“怎么研究”的问题，可以以文字、流程图、图文结合或者根据课题的主题灵活地进行选择；其次，对教师的课题申报书进行评价，看教师是否掌握了正确的科研意识；最后，对教师的研究内容进行评价。

（三）成效检测

（1）组织教师开展“教学反思”活动，通过教师之间的交流，来反思自己撰写的课题申报存在的问题，及时总结经验和思考，并提出改进意见，使自己的教学教研水平不断提高。

（2）为促进教师专业发展，在音乐教研中加入“音乐评论”环节。在开展教研活动时，不仅要对课题的申报及研究方法进行评价，还要对课题中出现的问题进行分析和总结。在这些活动中，教师既可以向他人学习先进的教学经验和方法，又可以反思自己的课题思路。

（3）改变教研形式。在音乐教研中，应该改变以往单一的讲座方式，加强对一线教师的指导和培训，提高教师的参与积极性，并让其在实践中不断提高自己的业务水平。

参考文献

[1] 崔允漷. 论教研室的定位与教研员的专业发展［J］. 上海教育科研，2009（8）：4–8.

[2] 胡惠闵. 教师专业发展背景下的学校教研活动［J］. 全球教育展望，2006（3）：21–25.

[3] 宋萑. 论中国教研员作为专业领导者的新角色理论建构［J］. 教师教育研究，2012，24（1）：18–24.

[4] 许洪帅. 我国基础音乐教育课程改革实施现状与基本对策［J］. 中央音乐学院学报，2011（4）：106–113.

[5] 徐飞. 音乐教师应提高教研意识［J］. 中国音乐教育，2007，157（7）：12–14.

[6] 邹尚智. 校本教研指导［M］. 北京：首都师范大学出版社，2010.

[7] 莫源秋，等. 幼儿园教研活动设计与实施：实践指导手册［M］. 2版. 北京：中国轻工业出版社，2022.

[8] 祝晓燕，张皎红，赵娜. 幼儿园教研活动50问［M］. 北京：中国轻工业出版社，2022.